吉林大学国家安全研究丛书

发展与安全：
中国能源产业变迁（1978—2012）

吴雁飞 / 著

中国社会科学出版社

图书在版编目（CIP）数据

发展与安全：中国能源产业变迁：1978—2012 / 吴雁飞著 . —北京：中国社会科学出版社，2021.5
（吉林大学国家安全研究丛书）
ISBN 978-7-5203-7009-7

Ⅰ.①发⋯　Ⅱ.①吴⋯　Ⅲ.①能源工业—产业发展—研究—中国—1978-2012　Ⅳ.①F426.2

中国版本图书馆 CIP 数据核字（2020）第 151299 号

出 版 人	赵剑英
责任编辑	赵　丽
责任校对	刘　娟
责任印制	王　超

出　　版	中国社会科学出版社
社　　址	北京鼓楼西大街甲 158 号
邮　　编	100720
网　　址	http://www.csspw.cn
发 行 部	010-84083685
门 市 部	010-84029450
经　　销	新华书店及其他书店
印　　刷	北京明恒达印务有限公司
装　　订	廊坊市广阳区广增装订厂
版　　次	2021 年 5 月第 1 版
印　　次	2021 年 5 月第 1 次印刷
开　　本	710×1000　1/16
印　　张	11.5
插　　页	2
字　　数	151 千字
定　　价	59.00 元

凡购买中国社会科学出版社图书，如有质量问题请与本社营销中心联系调换
电话：010-84083683
版权所有　侵权必究

吉林大学国家安全研究丛书

专家委员会

主　任：于洪君

委　员：（按姓氏笔画为序）

于洪君　王逸舟　张宇燕　陈　岳　唐永胜

编辑委员会

主　编：肖　晞

副主编：郭　锐

委　员：（按姓氏笔画为序）

于洪生　王晰巍　王　达　冯　晅　邬　巍
肖　晞　杨　民　何志鹏　吴宏政　郭　锐
隋建利

总　序

　　国家安全是一国的基本利益乃至核心利益，事关中国和平发展大局和中华民族伟大复兴。当今世界风云变幻，正处于百年未有之大变局。大国战略博弈加剧，周边安全形势复杂，地缘政治热点频发，新旧安全观相竞逐，安全领域问题丛生，致使中国面临日趋微妙严峻的国家安全局面。挑战既来自外部尤其是部分大国和周边国家的战略性针对，关乎中国求和平、求合作、求共赢、建设和谐世界的一贯主张及其实践成效；也源于内部尤其是中国经济社会跨越式发展进程中主要矛盾和矛盾主要方面的互动作用及其管控绩效，关乎中国求发展、求变革、求稳定、建设平安中国的现实需要和长远大局。

　　国安才能国治，治国必先安邦。2014年4月15日，习近平主持召开中央国家安全委员会第一次会议并发表重要讲话时强调指出，要准确把握国家安全形势变化新特点新趋势，坚持总体国家安全观，走出一条中国特色国家安全道路。新时期新环境新要求下贯彻落实总体国家安全观，是习近平新时代中国特色社会主义思想的重要内容。坚持总体国家安全观，必须坚持国家利益至上，以人民安全为宗旨，以政治安全为根本，统筹外部安全和内部安全、国土安全和国民安全、传统安全和非传统安全、自身安全和共同安全，完善国家安全制度体系，加强国家安全能力建设，坚持维护国家主权、安全、发展利益，要创造性构建集政治安全、国土安全、军事安全、经济安全、文化安全、社会安全、科技安全、信息安全、生态安全、资源安全、核安全等于一体的现代国家安全体系。

党的十九大报告指出，统筹发展和安全，增强忧患意识，做到居安思危，是我们党治国理政的一个重大原则。2020年2月，习近平在关于新冠肺炎疫情防控的一系列重要讲话和中央全面深化改革委员会第十二次会议上强调指出，要全面提高生物安全治理能力、把生物安全纳入国家安全体系。面对内外部复杂微妙的国家安全形势，必须以立体化、大战略化、多层次化、跨时空化的新思维新视域，审视、把握决断和处理国家安全事务。要始终坚持总体国家安全观，长效性加强国家安全教育，增强全党全国人民国家安全意识，推动全社会形成维护国家安全的强大合力，扎实推动国家安全治理体系和能力现代化。

为全面贯彻和深入落实总体国家安全观，2019年3月，吉林大学成立由张希校长挂帅的国家安全学学科建设工作小组，亲自部署国家发展与安全研究院筹建工作。6月18日，吉林大学国家发展与安全研究院正式揭牌成立，这是全国高校中为数不多以国家安全学为研究领域的实体机构，也是东北地区高校中首家研究国家安全学的实体机构。国家发展与安全研究院以"立足全球视野，服务国家安全"为基本定位，以人才培养、宣传教育、科学研究、决策咨询为基本功能，以"国家安全战略研究""政治安全与发展研究""国土安全研究""经济金融发展与安全研究""网络空间治理研究""高边疆探测与安全研究""东北亚安全研究""生物安全研究"等为特色研究领域，通过机制和体制创新，发挥学科综合优势，整合吉林大学优质资源而打造的跨学科实体研究机构。

坚持政治建院、战略引领、教研为重、人才兴院、创新强院、内涵发展是吉林大学国家发展与安全研究院的办院宗旨。充分发挥吉林大学学科门类齐全、高水平学科汇集的综合优势，整合优质资源，探索有利于学科深度融合的运行模式，建设国家安全学一级学科，探索面向国家安全领域的拔尖创新型人才培养模式，围绕国家重大安全战略问题，在关键领域和解决重大问题上充分发挥理论创新、战略研究、政策建言、社会服务和舆论引领功能，建立开放、流动、合作的人才体系，形成高层次人才团队，构成了吉林大学国家发展与安全研究院的发展目标。

由此，"吉林大学国家安全研究丛书"应运而生。丛书聚焦于国家安全领域的重大理论和现实问题，切合新时代坚持总体国家安全观和走中国特色国家安全道路的方针主张，围绕热点议题、重点议题和难点议题展开针对性研究，注重思想性挖掘、战略性开拓、对策性思考和方法论探讨。旨在进一步提高国家发展与安全相关问题方向的研究能力，吸引更多科研力量向相关研究领域汇聚，形成一批具有理论性和方法性、政策性和现实性、战略性和前瞻性的高质量、高水平研究成果，为国家发展与安全领域决策和政策实施提供智力支持与参考。

丛书的筹划与出版是吉林大学国家发展与安全研究院的主要工作之一，也是研究院建设和发展过程中的一项重要成果。我们希望这套丛书的出版，能为新时期坚持贯彻总体国家安全观、推动和繁荣国家安全学科建设、为维护和增进国家安全建言献策，做出学术界应有的贡献和努力。同时，希望通过这套丛书的出版，汇聚和培养一支有志于稳定从事中国特色国家安全学科建设的学术队伍，更期待在冉冉兴起的国家安全学科建设中形成吉大优势和吉大特色。

吉林大学国家发展与安全研究院

肖　晞

2020 年 5 月

目 录

第一章 导言 ……………………………………………………（1）
 第一节 问题的提出 …………………………………………（1）
 第二节 相关文献综述 ………………………………………（5）
 第三节 研究框架与主要创新点 ……………………………（14）

第二章 平衡发展与安全：中国能源产业变迁中的国内—国际互动 ……………………………………（26）
 第一节 国内政府部门与中国能源产业 ……………………（26）
 第二节 能源国企与中国能源产业市场化 …………………（34）
 第三节 国际力量与中国能源产业市场化 …………………（40）
 第四节 国内政府部门、能源国企与国际力量的互动 …………………………………………………（52）
 本章小结 ……………………………………………………（54）

第三章 石油产业变迁 …………………………………………（56）
 第一节 石油产业变迁历程 …………………………………（57）
 第二节 初步市场化阶段：引入国际力量推动石油产量增长 …………………………………………（62）

第三节　石油国企困境、国际力量倒逼与石油产业
　　　　　市场化的深入 …………………………………（68）
　　第四节　国际竞争、石油安全与石油产业的安全转向 ……（79）
　　本章小结 ………………………………………………………（89）

第四章　电力产业变迁 …………………………………………（90）
　　第一节　电力产业变迁历程 ……………………………………（90）
　　第二节　初步市场化阶段：引入电力外资推动电力产业
　　　　　市场化 …………………………………………（91）
　　第三节　世界银行与中国电力产业市场化的深入 …………（94）
　　第四节　外资退出、电力供应安全与中国电力产业的
　　　　　安全转向 ………………………………………（99）
　　本章小结 ………………………………………………………（105）

第五章　煤炭产业变迁 …………………………………………（106）
　　第一节　煤炭产业变迁历程 ……………………………………（107）
　　第二节　初步市场化阶段：引入国际力量推动煤炭
　　　　　产量增长 ………………………………………（109）
　　第三节　煤炭国企亏损、国际力量倒逼与煤炭产业
　　　　　市场化的深入 …………………………………（114）
　　第四节　煤炭产业安全、国际竞争与煤炭产业的安全
　　　　　转向 ……………………………………………（121）
　　本章小结 ………………………………………………………（135）

第六章　结语 …………………………………………………（136）

附录　能源产业相关术语简介 ……………………………（144）

参考文献 ……………………………………………………（146）

第一章 导言

第一节 问题的提出

发展与转型问题是国际政治经济学研究的核心议题之一。对于中国经济的发展与转型，已有不少国际政治经济学的分析。但这类分析大多数比较宏观，而从比较微观的角度——如从产业层面——进行分析的并不多。能源问题也是国际政治经济学研究的核心议题之一。国际政治经济学对能源问题已有很多研究，但这些研究大部分关注的是纯粹的能源安全问题。而对能源相关的其他问题（如能源价格、能源产业市场化等），国际政治经济学的相关研究则相对较少。[①] 相比贸易议题、投资提议等国际政治经济学次领域，作为国际政治经济学次领域的能源议题更复杂。恰如菲利普·利普西（Phillip Lipscy）等人所言，能源问题更为复杂的主要原因在于能源问题存在较大的外部性，政府所使用的政策工具相比贸易领域的关税更复杂多元。

全球能源市场的巨大体量，与国际政治经济学研究中对能源问题

[①] 这很大程度上是因为国际关系/国际政治经济学的学者将能源价格等议题视为经济学的研究领域。

的相对忽略形成了较大反差。"2010年全球能源市场大约有6万亿美元……全球商品贸易额为15万亿美元,全球FDI为1.5万亿美元,全球双边援助只有0.1万亿美元。""相比更为传统的话题来说,能源问题尽管相对更重要些,但对能源政治的研究却被忽略。这在比较政治经济学和国际政治经济学中是个重要的遗漏。"①

本书试图借助国际政治经济学研究中的开放经济政治学研究路径(从利益/偏好到国内制度再到国际互动的框架),对中国能源产业转型这一议题进行探讨。中国能源产业转型,既属于发展与转型的国际政治经济学研究范畴,又属于能源的国际政治经济学研究范畴。对能源产业转型的深入分析,既有利于拓展能源的国际政治经济学研究,亦能增进对发展与转型的国际政治经济学的理解。本书即以1978—2012年中国能源产业转型作为主要议题进行分析。

中国能源产业在1993—2002年曾进行过大幅度的市场化。在这段时间里,中国试图进行电力市场化,实现了厂网分开、政监分开;中国试图让成品油价格与国际市场完全接轨,并承诺开放国内成品油批发零售市场;中国试图完全放开煤炭价格;试图对煤炭、石油、电力行业的国企进行企业制度变革,以建立现代企业制度。在2003年前,总体而言中国的能源产业在向不断市场化的方向转变。

中国能源产业市场化进程在2003—2012年总体上处于一种暂缓状态。在这段时间里,石油产业行政垄断有加强的趋势;电力产业既非计划又非市场,电改基本上未按原计划推行下去;在煤炭产业中,政府对电煤价格仍存在长期干预,还有大量由行政力量主导的煤炭产业整合等。之前能源领域试图市场化的很多东西,在这一阶段并没有

---

① Liewelyn Hughes, Phillip Y. Lipscy, "The Politics of Energy", *The Annual Review of Political Science*, Vol. 16, 2013, pp. 449–469.

得到进一步推动。

本书的研究问题是：1978—2012年中国能源产业，经历了从计划经济向市场化的转变，在1978—1992年有初步市场化尝试，在1993—2002年进行了大幅度的市场化，而在2003—2012年其市场化却处在放缓的状态。① 为什么国内政府部门在1993—2002年成功推动了大幅度的能源产业市场化，而在2003—2012年却不去推动或者没能推动大幅度的能源产业市场化？

本书的主要回答是：中国改革开放以来的能源产业变迁，很大程度上缘于国内政府部门、能源国企与国际力量三者之间的互动——在这个互动过程中，国内政府部门总体上处于主导性地位，但同时也受到国际国内因素的影响。国内政府部门在能源产业方面的主要目标是实现发展与安全的平衡。国内政府部门一方面受到能源国企及国际力量的约束，另一方面国内政府部门也试图利用这两种力量来实现自身的目标。国内政府部门、能源国企、国际力量三者之间的互动，影响了中国能源产业市场化的进程。1992—2002年能源产业市场化大幅进展，很大程度上是因为当时国内政府部门在发展与安全中选择了发展：当时能源国企低效亏损增强了国内政部门的改革意愿，而国内政府部门也利用了国际制度来增强自身推进市场化的能力。2003—2012年能源产业市场化步伐趋缓，很大程度上是因为国内政府部门在发展与安全中选择了安全：国际力量被认为越来越威胁中国能源安全，国内政府部门不再只执着于效益

---

① 需要指出的是，这里的划分都是大体的。实际上煤电油等产业市场化的步伐，虽然存在很多一致之处，但也有些不是太一致的方面。本书将它们按照市场化的进展分为三个大的阶段，只是就其总体状况而言，并非指该阶段所有的时间内和所有方面都是如此。如此处第三阶段的市场化放缓，是总体上相对于之前的大幅度市场化而言，并非强调在该阶段能源产业在任何方面都没有进一步市场化。

提升和市场化,而是更注重能源安全。

这三者之间的互动可以分为三个阶段:在第一阶段(1978—1992年),国内能源非常短缺(但并非缺资源,而是缺少开发资源的资金和技术),这时国有能源工业部门/能源国企效益很低,国内能源产业比较依赖国际资金、技术和管理经验,国内政府部门开始引导国际资本进入能源产业,并进行了市场化的初步尝试。

在第二阶段(1993—2002年),中国越来越受到国际力量的影响,开始了大规模与国际接轨的历程。在建设社会主义市场经济的大背景下,国内能源短缺得到极大缓解,但能源国企的亏损越发严重,已经成为政府无法承受之重。能源国企的亏损增强了国内政府部门推行能源产业市场化的意愿,而全球化和WTO、世界银行等国际组织则被国内政府部门用以增强能源产业市场化的力量。国内政府部门利用加入WTO等方式来倒逼能源国企深化改革,并改革国内法律制度等以与之接轨。于是中国开始了大幅度的能源产业市场化。

第三阶段(2003—2012年),国企改革引发国有资产流失大讨论,能源国企效益也得到较大提升,而入世的过渡期一旦结束,国际能源公司很可能对国内能源市场造成重大冲击,威胁国家能源安全。能源国企的大幅盈利和保障国家能源安全角色的强化提升了能源国企的地位,消减了国内政府部门推行能源产业市场化的意愿。

对能源产业市场化,本书沿用史丹的界定方式,主要包括四个方面[1],具体见表1-1。

---

[1] 原文用的是能源工业市场化,基本上是一个意思。

表1-1　　　　　能源产业市场化所包含的内容

市场化四方面	市场化的要求	备注
生产与中间环节	开放与非垄断化	
能源市场	透明化、自由化、国际化	贸易自由化、减少行政干预、减少或取消市场准入限制
所有制	非国有化	
已经或正在市场化的能源市场部分	监管规范化	

资料来源：参见史丹主编《中国能源工业市场化改革研究报告》，经济管理出版社2006年版，第65页。

第二节　相关文献综述

本书将与中国能源产业市场化变迁相关的文献分为三部分：一是对能源产业市场化历程的描述；二是影响中国能源产业市场化的原因分析；三是相关原始材料。

一　对能源产业市场化历程的描述

首先是比较全面地介绍中国能源产业市场化历程的著作。李晓西主编的《中国传统能源产业市场化进程研究报告》[1]，和史丹主编的《中国能源工业市场化改革研究报告》[2] 比较全面地介绍了中国能源产业市场化进程，但这两本书对影响中国能源产业市场化进程的原因分析不多。

其次，有些著作就能源中的某个产业进行了描述。如在电力产业

---

[1] 李晓西主编：《中国传统能源产业市场化进程研究报告》，北京师范大学出版社2013年版。

[2] 史丹主编：《中国能源工业市场化改革研究报告》，经济管理出版社2006年版。

方面：杨鲁、田源以报告的形式指出当时电力工业存在的问题并提出对策；① 叶泽、张新华描述并分析了2002年以来中国电力体制改革的成败。② 在石油产业方面：姜玉春、蔡军田详细回顾了1978—2000年中国石油产业变迁；③ 王丹分析了中国石油产业的结构、行为与绩效；④ 严绪朝翔实描述了1998年中国石油石化行业大重组时的状况；⑤ 中石油集团也曾编写书籍详细描述中石油集团重组和上市的过程。⑥ 张海韵曾编写过两本有关中国石油石化产业重组和上市的书籍，详细刻画了1990年后半期中国石油产业的大变革。⑦

最后，还有些著作从能源管理体制角度涉及中国能源产业市场化进程。如林卫斌、方敏试图对各国能源管理体制进行比较研究，初步描述了其他国家的能源管理体制并分析了中国能源管理体制的历史沿革和现状。不过该书对于中国能源管理体制的分析比较单薄，更多是对事实本身的简略描述。⑧

二 影响中国能源产业市场化进程的原因分析

对于影响中国能源产业市场化进程的原因，目前学界的分析有四种视角，分别强调总体改革背景、国家/官僚政治结构、国内工商集

---

① 杨鲁、田源：《中国电力工业改革与发展的战略选择》，中国物价出版社1991年版。
② 叶泽、张新华：《推进电力市场改革的体制与政策研究》，经济科学出版社2013年版。
③ 姜玉春、蔡军田主编：《中国石油通史：卷四》，中国石化出版社2003年版。
④ 王丹：《中国石油产业发展路径：寡占竞争与规制》，中国社会科学出版社2007年版。
⑤ 严绪朝主编：《中国石油大重组：面对市场的机遇和挑战》，石油工业出版社1998年版。
⑥ 《国企震撼》编委会编：《国企震撼：中国石油重组与上市实录》，石油工业出版社2001年版。
⑦ 张海韵主编：《大聚变：98中国石油石化大重组纪实》，经济日报出版社1998年版。张海韵主编：《走向改革前沿：99中国石油石化重组与改制参考》，石油工业出版社1999年版。
⑧ 林卫斌、方敏：《能源管理体制比较与研究》，商务印书馆2013年版。

团以及国际因素的影响。

首先是强调总体改革背景的视角。史丹认为国内能源产业市场化的一大背景是国内阶段性的经济体制改革，她认为中国能源工业市场化改革，是中国经济从计划向市场转变的一部分。如中国经济改革的思路影响了能源工业市场化改革，经济改革中对于部门与行业的改革，是"先消费品生产行业，后生产资料生产行业"，先农业和轻工业部门，后重工业部门，并认为"这就造成了我国能源工业市场化水平与国民经济其他部门市场化水平的差异"。[①] 李晓西等强调"推进能源市场化是完善社会主义市场经济体制的重要内容"，是"转变经济发展方式的迫切要求"。[②] 朱晓艳强调了中国电力体制变革的大部制改革背景。[③] Yao Lixia 和 Chang Youngho 认为，自改革开放以来，中国能源安全程度没有得到很好的提升。他们认为中国能源最安全的时段是1981—1985年，其次是1995—2005年，而1986—1994年中国能源安全程度不高，2005年后中国能源安全状况呈现恶化趋势。[④] 他们将原因归咎于中国的能源政策并非意在改进能源安全，而只是对国内宏观经济做出反应。[⑤]

其次是强调国家/官僚政治结构的视角。李侃如和米歇尔·奥克森伯格从政府政策过程角度分析了中国能源产业，并用"分散的威权主义（fragmented authoritarianism：学界一般译为权威碎片化或碎片化

[①] 史丹主编：《中国能源工业市场化改革研究报告》，经济管理出版社2006年版，第3页。
[②] 李晓西主编：《中国传统能源产业市场化进程研究报告》，北京师范大学出版社2013年版，第1—3页。
[③] 朱晓艳：《大部制下中国电力管制机构改革研究》，经济管理出版社2013年版。
[④] Lixia Yao, Youngho Chang, "Energy Security in China: A Quantitative Analysis and Policy Impliciitions", *Energy Policy*, Vol. 67, 2014, pp. 595–604.
[⑤] Lixia Yao, Youngho Chang, "Shaping China's Energy Security: the Impact of Domestic Reforms", *Energy Policy*, Vol. 77, 2015, pp. 131–139.

的权威)"来概括中国能源决策过程的主要特点。① 该书完成于1988年,此后中国能源产业又经历了二十多年的发展,李侃如当初的概括在今天是否依然适用,需要之后二十多年的实践来检验。陈绍锋指出中国的石油产业市场化,是一种国家管理的市场化(state-managed marketization),② 他还分析了为何进入21世纪后,中国开始将重心从直接在国际市场上购买原油,转变为推动石油外交和石油国企"走出去"直接购买海外油田。他认为这是因为中国政府对世界石油市场的感知发生变化、同时石油国企意图借此获得更多经济利益和政治影响。③ 梁波从组织社会学的角度,分析了1988—2008年中国石油产业的变迁,指出在1988—1998年石油市场是"封闭—行政化"发展范式,在1998—2008年转变为"开放—市场化"发展模式,而中国石油产业发展范式变迁的深层动力来自其中复杂的权力关系。④

再次是强调国内工商业集团的视角。马克·格隆布里奇以煤炭、石油、纺织和钢铁四个行业为案例,询问为何有些行业比另一些行业更能影响政府的产业政策?他强调了作为利益集团的企业自身因素——该行业的产业集中度以及该行业资产专用性的高低——的影响。产业集中度越高、资产专用性越高⑤的产业,其影响国家产业政

---

① Kenneth Lieberthal, Michel Oksenberg, *Policy Making in China: Leaders, Structures, and Processes*, Princeton: Princeton University Press, 1988.
② Shaofeng Chen, "State-Managed Marketization: A Revisit of the Role of the Chinese State in the Petroleum Industry", *The Copenhagen Journal of Asian Studies*, Vol. 30, No. 2, 2012, pp. 29-60.
③ Shaofeng Chen, "Motivations Behind China's Foreign Oil Quest: A Perspective from the Chinese Government and the Oil Companies", *Journal of Chinese Political Science*, Vol. 13, No. 1, 2008, pp. 79-104.
④ 梁波:《中国石油产业发展范式变迁的组织社会学分析(1988—2008)》,上海大学,博士学位论文,2010年。
⑤ 资产专用性指的是某种东西用于某种用途后,变为其他用途的困难性的高低。如煤炭开采很多设备很贵,且只能用来采煤,一旦不用于采煤,其价值就很低,这是典型的高资产专用性。

策的能力就越强，① 如石油产业就比纺织业影响政府政策的能力更强。约翰·霍普金斯大学孔博指出，国企深化改革后，石油国企与中央政府一同成为中国石油产业政策的制定者和实施者。② 武建东指出国家电网在延缓电力产业市场化中起到了重要作用。③

最后是强调国际力量的视角。艾里·塞卡瓦等人指出中国核能的发展源于国际竞争和国内政治的双重影响。④ 芮怀川从发展、转型与全球化的角度分析了中国煤炭产业的发展，指出了全球化对中国煤炭工业改革的影响（她在书中用发展来解释中国改革开放后中小煤矿企业的兴衰，用转型来解释国有煤矿的亏损与困境，用全球化来解释国家对大型煤炭企业——如神华——的扶持政策）。⑤ 一些著作分析了国际力量对中国能源安全问题的影响。如查道炯分析了中国与国际石油市场之间存在的竞争与相互依赖对中国能源安全的影响；周云亨讨论了美国对中国能源安全的影响。⑥

三 能源产业市场化的原始资料

中国能源产业市场化的原始资料虽然不少，但被利用的并不多。这类资料以前较少被人关注，或者是最近才出版。如李鹏总理退休后开始整理其日记，在此基础上出版了十多本著作。李鹏曾长期主管中

---

① Mark Allen Groombridge, *The Politics of Industrial Bargaining: the Restructuring of State-owned Enterprises in the People's Republic of China, 1978 to 1995*, Doctoral Dissertation, Columbia University, 1998.
② 孔博：《解读中国国际石油政策》，裴文斌等译，石油工业出版社2012年版。
③ 武建东主编：《深化中国电力体制改革绿皮书》，光明日报出版社2013年版。
④ Ramana, M. V., Eri Saikawa, "Choosing a Standard Reactor: International Competition and Domestic Politics in Chinese Nuclear Policy", *Energy*, Vol. 36, No. 12, 2011, pp. 6779–6789.
⑤ Huaichuan Rui, *Globalisation, Transition and Development in China: the Case of the Coal Industry*, London: Routledge, 2004.
⑥ 查道炯：《中国石油安全的国际政治经济学分析》，当代世界出版社2005年版；周云亨：《中国能源安全中的美国因素》，上海人民出版社2012年版。

国能源领域，其著作保存了大量一手资料，如已出版的《李鹏论发展中国电力工业》《电力要先行：李鹏电力日记》《从起步到发展：李鹏核电日记》《众志绘宏图：李鹏三峡日记》，① 均是研究中国能源产业的宝贵一手资料。

能源领域其他高官也纷纷出书，回忆往昔能源工作。如原能源部部长黄毅诚出版了《能源部：1988—1993》《我的故事》《秋语》等书。② 其中《能源部：1988—1993》整理了其任能源部部长期间几乎所有的文章和讲话，不仅提供了能源部的详细资料，而且公开了大量内部讲话稿。《我的故事》作为黄毅诚的个人回忆录，也提供了不少鲜为人知的材料。《秋语》则记录了他对能源行业的一些思考，以及他退休后写给中央领导人的信件。原石油工业部部长、中国石油天然气总公司总经理王涛将自己任期内的主要讲话整理成《中国油气发展战略》一书出版，此外他还出了一本回忆录《征战死亡之海：塔里木盆地石油会战》，③ 详细回忆了他任石油工业部部长和中国石油天然气总公司总经理期间的经历。该书披露了不少内部决策过程，如开发塔里木盆地的决策是如何做出的，还详细回忆了塔里木石油会战的种种细节。中石化总公司第一任党组书记、董事长李人俊的一些重要内部讲话稿也被中石化集团公司编辑

---

① 李鹏：《电力要先行：李鹏电力日记》，中国电力出版社2005年版；李鹏：《李鹏论产业经济》，中国电力出版社2013年版；李鹏：《李鹏论发展中国电力工业：1979—1993》，水利电力出版社1994年版；李鹏：《起步到发展：李鹏核电日记（上下册）》，新华出版社2004年版；李鹏：《众志绘宏图：李鹏三峡日记》，中国三峡出版社2003年版。

② 黄毅诚：《能源部：1988—1993》，大连出版社1993年版；黄毅诚：《秋语》，中国电力出版社2012年版。

③ 王涛：《中国油气发展战略》，石油工业出版社2001年版；王涛：《征战死亡之海：塔里木盆地石油会战》，中共党史出版社2013年版。

出版。[1] 原煤炭工业部部长高扬文则回忆了自己任职煤炭工业部时的经历。[2] 原国家能源局局长张国宝通过写文章或接受采访，回忆了我国许多重大的能源决策过程。如他那篇《电改十年的回顾与思辨》，[3] 回顾了2003年以来中国的电力体制改革，披露了电力体制改革中高层决策的一些细节；再如他在接受《中国经济周刊》采访时，回顾了风电产业决策的详情。[4]

另外，本书还采用了朱镕基[5]、李岚清[6]、石广生、龙永图等人的回忆录或者是公开发表的回顾过往经济决策的文章。这些关于昔日能源管理和决策的回忆，或是尚未引起研究者的足够重视，或是因为公开较晚而尚未被相关学术研究所采用。

四　对中国能源产业市场化相关文献的评析

首先，对中国能源产业市场化的原因进行解释的文献不足。一是很多相关文献仅描述中国能源领域有什么政策，有哪些相关管理部门，而对政策制定的深层动力解释较少。如中国政府为何有时能成功推动能源产业市场化，有时却缺乏这种意愿和/或能力？相关解释很少，既有文献大多是用报告的形式陈述有哪些改革，还需要哪些改革等，而对改革的原因及其互动过程分析较少。有的文献用介绍背景来代替对原因的分析，但这二者之间是有区别的。有的文献对原因和结果的区分不够，如仅用经济总体改革思路来解释能源产业市场化思路

---

[1] 中国石油化工集团公司办公厅编：《李人俊与中国石化工业》，中国石化出版社2000年版。
[2] 高扬文：《三十年的足迹》，冶金工业出版社1994年版；高扬文：《我当煤黑子的头儿：五年五个月零五天的工作记录》，山西人民出版社1996年版。
[3] 张国宝：《电改十年的回顾与思辨》，《中国经济周刊》2013年第1期。
[4] 郭芳等：《"风电三峡"内幕》，《中国经济周刊》2011年第32期。
[5] 朱镕基：《朱镕基讲话实录》（一二三四卷），人民出版社2011年版。
[6] 李岚清：《突围：国门初开的岁月》，中央文献出版社2008年版。

是不够的，因为很多时候，经济总体改革思路与具体行业改革状况是相互影响的。二是大多数文献都是只写了煤炭、石油、电力中的一个产业。

其次，用国际—国内互动框架来系统解释中国能源产业市场化的文献不足。既有谈到国际因素影响的文献，至少有三个不足：一是这类文献在讨论国际力量对中国能源问题的影响时，大多是分析对中国能源安全的影响，很少分析对中国能源产业市场化进程的影响；二是这类文献大多强调国际力量中其他国家因素的影响，而相对忽略了国际制度的重要影响；三是将国际力量和国内因素有机结合以分析中国能源产业市场化进程的研究较少。

全球化的深入使得国际制度/国际体系不仅影响了国家间互动，而且深入国家内部，影响了国家内部制度变迁。但既有文献总体上不够重视国际因素对中国国内制度变迁的影响。外部世界更多只是被认为是与个别企业有关的进出口、投资等活动，而从国际制度/国际体系层面分析国际政治经济规则与权力分配如何塑造中国经济政策的文献较少。如对中国改革开放以来的产业市场化进程，研究者们大多分析导致其变化的国内变量，很少分析其国际变量；而即便提到国际因素的影响，大多也只是泛泛而谈，很少能清晰地分析国际因素"如何"影响。[1] 如谢淑丽[2]等人的著作在分析中国改革开放以来的经济改革时，就对国际力量的作用不够重视。然而"国际体系不仅仅是国内政治和国内结构的结果，而且是它们（国内政治和国内结构）的原因。（国家间）经济关系和（国外）军事压力约束着一系列——从

---

[1] Thomas Moore, *China in the World Market: Chinese Industry and International Sources of Reform in the Post-Mao Era*, Cambridge: Cambridge University Press, 2002, Preface.

[2] Susan Shirk, *The Political Logic of Economic Reform in China*, Berkley: University of California Press, 1993.

政治决策到政治改革——国内行为。因此，应该对国际关系和国内政治同时进行分析，而且应该作为一个整体来分析。"[1]

有些学术文献虽未涉及能源领域，但对国际力量如何影响了中国产业市场化进程做了一定的探讨，这方面较有代表性的是托马斯·摩尔对中国纺织业和造船业的分析。托马斯·摩尔以中国的纺织业和造船业为例，说明了国际力量在塑造中国国内产业转型方面的重要作用。托马斯·摩尔认为如果外部世界过于开放，出口国的出口实现得过于容易，那么出口国将难以实现产业转型与升级；如果外部世界过于封闭，出口国已完全丧失出口机会，那么出口国的产业转型与升级同样难以实现。只有在外部世界适度开放的情况下，中国国内产业才更有可能实现转型升级并具有长期国际竞争力。作者认为，相比自由贸易（free trade），中国实际上更受益于（而不是受损于）有管理的贸易（managed trade）。玛丽·加拉格尔则在其《全球化与中国劳工政治》一书中指出，中国通过引入外资的方式，在避免直接触动在中国有很大政治影响力的国企部门利益的同时，通过外资企业的"示范"效应，来促进中国的经济改革。她认为中国政府更多是通过外资（而不是通过发展私人资本）来融入全球经济。而中国共产党在20世纪90年代中后期的深化国企改革浪潮中，让人们更意识到民族工业与跨国企业"中外竞争"的紧迫性，从而避免了意识形态上的争论。"私有化是必要的，从而中国的'民族工业'可以得到激活和加强，以接受全球化的挑战。"[2]

---

[1] Peter Gourevitch, "The Second Image Reversed: the International Sources of Domestic Politics", *International Organization*, Vol. 32, No. 4, 1978, pp. 881 – 912, Quote from Thomas Moore, *China in the World Market: Chinese Industry and International Sources of Reform in the Post-Mao Era*, Cambridge: Cambridge University Press, 2002, p. 44.

[2] ［美］玛丽·加拉格尔：《全球化与中国劳工政治》，郁建兴、肖扬东译，浙江人民出版社2010年版，第23页。

当下我们缺乏一种从国际—国内互动的角度来分析中国能源产业市场化进程的学术研究,而这正是本书试图完成的任务。本书将在下一节提出自己的研究框架。

第三节 研究框架与主要创新点

一 国际—国内互动的研究框架

本书试图利用国际—国内互动的框架,来分析中国能源产业的市场化转型。在国际关系和政治学研究领域,国际—国内互动模型一直缺失。苏长和曾指出:"政治理论一直缺少国内—国际的整体理论模型,无法解释国内社会中出现的越来越多因为全球力量向内作用而产生的诸多新现象,从而出现理论退化的趋势。"[1] "在国际政治领域,国际政治理论一直只被看作国家理论在全球范围的运用或者放大,而对外关系则在多数情况下被视为国内政治经济的简单延伸而已,至于利用完整的国内—国际结合理论阐释国内政治经济或者对外关系,这类研究则极为缺失。"[2]

(一)有关国际与国内互动的研究文献:

海伦·米尔纳和罗伯特·基欧汉在回顾以往的相关研究时指出,在强调国际化对国内影响的学术研究中,认为国内对国际经济体系影响的不同回应方式,缘于三种因素的影响:一是强调国内政党结构(左翼政党与右翼政党)的影响;二是强调国内劳工市场、金融市场组织程度的影响;三是强调不同国家政治制度"强""弱"(如有研

---

[1] 苏长和:《国内—国际相互转型的政治经济学:兼论中国国内变迁与国际体系的关系(1978—2007)》,《世界经济与政治》2007年第11期。
[2] 苏长和:《国内—国际相互转型的政治经济学:兼论中国国内变迁与国际体系的关系(1978—2007)》,《世界经济与政治》2007年第11期。

究者以一国是否有长期的职业官僚传统作为其国家制度强弱的标准）的影响。① 而海伦·米尔纳提出了国内利益偏好、国内政治制度和信息分布影响国际合作的分析框架和作用机制。② 而国内政治对国际化的抗拒，也体现为三种途径：一是阻止国际价格信号与国内价格信号的完全自由联动；二是提高国内联盟以及相关政策的改革成本，使得国际化虽然影响大，但其成本高到使人们放弃改革的意图；三是利用相关的战略来引导国内力量应对国际化的影响。③ 还有研究者试图同时将国内因素和国际因素的双向互动整合成一个分析框架，如罗伯特·帕特南的双层博弈模型。④

罗纳德·罗戈夫斯基和迈克尔·希斯考克斯等人分析了国际贸易对国内政治的影响。罗纳德·罗戈夫斯基指出了国际贸易的兴衰对国内利益再分配的影响。他在《商业与联盟：贸易如何影响国内政治联盟》一书中分析了贸易的扩张与衰落对国内政治联盟形成的影响。他指出：国际贸易的扩张，会增进国家内部相对充裕要素持有者的利益，而国家内部相对稀缺要素持有者的利益会受到损害，进而形成劳动力要素、资本要素、土地要素持有者之间的各种政治联盟；国际贸

---

① Robert Keohane, Helen Milner eds., *Internationalization and Domestic Politics*, Cambridge: Cambridge University Press, 1996, pp. 7–10.

② ［美］海伦·米尔纳：《利益、制度与信息：国内政治与国际关系》，曲博译，上海世纪出版集团2010年版。

③ Robert Keohane, Helen Milner eds., *Internationalization and Domestic Politics*, Cambridge: Cambridge University Press, 1996, p. 21. 强调国内制度强弱影响的文献，参见 Peter Katzenstein, *Between Power and Plenty: Foreign Economic Policies of Advanced Industrial States*, Madison: University of Wisconsin Press, 1977; Peter A. Hall, *Governing the Economy: The Politics of State Intervention in Britain and France*, New York: Oxford University Press, 1986; John Zysman, *Governments, Markets, and Growth: Financial Systems and the Politics of Industrial Change*, Ithaca: Cornell University Press, 1984; ［美］彼得·古勒维奇：《艰难时世下的政治：五国应对世界经济危机的政策比较》，袁明旭、朱天飚译，吉林出版集团有限责任公司2009年版。

④ Robert D. Putnam, "Diplomacy and Domestic Politics: the Logic of Two-level Games", *International organization*, Vol. 42, No. 3, 1988, pp. 427–460.

易的收缩，会减少国家内部相对充裕要素持有者的利益，而国家内部相对稀缺要素持有者会因此受益，进而也形成劳动力要素、资本要素、土地要素持有者之间的各种政治联盟。① 在罗纳德·罗戈夫斯基分析的基础上，迈克尔·希斯考克斯进一步证明国内要素流动程度（即生产要素跨行业转移的成本）的高低会影响联盟类型：国内要素流动程度高时，更易形成以阶级为联盟的政治；国内要素流动程度低时，更易形成以行业为联盟的政治。②

还有国际关系领域的学者借用比较政治学领域的"国家自主性"概念，来分析国内政治如何影响国际合作。西达·斯考切波认为国家自主性指的是："（国家）作为拥有领土和人民控制权的一种组织，国家可以表达和追求自己的目标，而不是仅仅反映社会集团利益、阶级利益或社会的利益。"③ 但国家自主性的概念因其不够精确、缺乏微观基础等特点而广受诟病。为此田野借鉴理性选择主义视角，对国家自主性给出了具有微观基础的定义："国家自主性是中央政府核心决策者所制定的公共政策与其自身的偏好④之间的一

---

① ［美］罗纳德·罗戈夫斯基：《商业与联盟：贸易如何影响国内政治联盟》，杨毅译，上海人民出版社2012年版。

② ［美］迈克尔·J. 希斯考克斯：《国际贸易与政治冲突：贸易联盟与要素流动程度》，中国人民大学出版社2005年版。

③ 田野：《探寻国家自主性的微观基础：理性选择视角下的概念反思与重构》，《欧洲研究》2013年第1期。

④ "偏好"是什么？偏好与利益怎么区分？海伦·米尔纳的解释是："行为体利益代表了它的根本目标，很少变化。经济行为体的利益是最大化收入，而政治行为体的利益则主要是最大化保住政治职位的机会……政策偏好源于利益。偏好是指特定的政策选择，行为体相信在某一议题上，这些政策或是能够最大化收入，或是能够最大化再次当选的机会。尽管所有政治行为体具有相同的利益，但它们的政策偏好会根据各自的政治情势而不同，比如政党归属或选区特征等。对经济行为体也是一样。利益是一个较为稳定的基础，由利益决定的行为体的偏好会根据情势和政策领域的不同而变化。偏好是变量，而利益不是。"参见海伦·米尔纳《利益、制度与信息：国内政治与国际关系》，曲博译，王正毅校，上海世纪出版集团2010年版，第14页。

致程度。"①

国家自主性包含国内结构与国际制度/体系两个维度："在国际上，国家自主性取决于国家在权力分配中的位置和它对国际机制与组织的内嵌性；在国内，国家自主性则是国内结构的函数，特别是取决于国家与社会的关系以及社会经济的发展。"② 国家自主性与国内结构的关系，在比较政治学学者的努力下得到了较为充分的关注；而国家自主性与国际体系之间的关系，则被关注得较少。这主要因为：以往的国际关系研究者往往把国家视为单一行为体，而比较政治学者对国际因素的影响不够重视，导致缺乏一种将国家自主性与国内政治、国际体系同时联系起来的分析框架。在国际上，莉萨·马丁等曾呼吁将国内政治与国际制度的互动作为研究重点进行分析；在国内，田野等学者在分析国际制度对国家自主性的影响方面做出了贡献。田野指出："国家可以通过参与国际制度来摆脱某些社会行为体（如国企）对其的'俘获'，从而找回自身的自主性。""而当国家行为体的意愿与国际制度的功能要求相一致，而与一些社会行为体的偏好相冲突时……国家行为体可以将国际制度的约束刚性作为政策合理性与合法性的重要源泉，更有效地推行那些与某些社会行为体偏好不相一致的政策，从而实现自己的目标。"③ 在中国与世界接轨阶段，中国国内政府部门就是充分利用了世界贸易组织等国际制度，获得了国企改革过程中的国家自主性。

---

① 田野：《探寻国家自主性的微观基础：理性选择视角下的概念反思与重构》，《欧洲研究》2013年第1期。
② Thomas Risse-Kappen ed., *Bringing Transnational Relations Back in: Non-State Actors, Domestic Structure and International Institutions*, Cambridge: Cambridge University Press, 1995, p.19，转引自田野《国际制度与国家自主性：一项研究框架》，《国际观察》2008年第2期。
③ 田野：《国际制度与国家自主性：一项研究框架》，《国际观察》2008年第2期。

(二) 有关中国与国际社会互动的文献：

一些学者分析了中国与世界互动对中国国内的影响[①]（江忆恩、秦亚青，王正毅、郑永年、苏长和、田野、张小明、陈拯等）。谢淑丽指出"1978年以前中国国内政治经济制度在与国际经济力量的较量中占据上风，但1978年以后，国际政治经济力量在中国国内变迁中开始占据显要地位"。[②] 1978年后中国与国际体系（全球资本主义）的互动过程，被广泛地使用"请进来""与国际接轨""走出去"来描述其不同阶段的特征。[③] 秦亚青认为中国与国际体系的关系，在加入联合国之前是革命性国家；在加入联合国之后开始向现状性国家转变。在成为现状性国家的30年中，中国对国际社会的认同，已经从利益性认同，转向观念性认同。[④] 而对于中国与国际体系互动的结果，曾经有四种不同的预测，分别是崩溃论（中国崩溃）、威胁论（中国威胁既有国际体系）、以融促变论（中国被国际体系改变）、脱钩论（中国无法融入而重新选择退出国际体系），苏长和则提出包容性合作论来解释中国与国际体系之间的互动。[⑤]

[①] Alastair I. Johnston, *Social States: China in International Institutions, 1980–2000*, Princeton: Princeton University Press, 2008；秦亚青：《国家身份、战略文化和国家利益：关于中国与国际社会的三个假设》，《世界经济与政治》2003年第1期；王正毅：《理解国家转型：国家战略目标、制度调整与国际力量》，《世界经济与政治》2005年第6期；郑永年：《中国与全球资本主义》，《国际政治研究》2007年第1期；苏长和：《国内—国际相互转型的政治经济学：兼论中国国内变迁与国际体系的关系（1978—2007）》，《世界经济与政治》2007年第11期；陈拯：《内发的变革：中国与国际人权规范互动的自主性问题》，《外交评论》2012年第2期；张小明：《诠释中国与现代国际社会关系的一种分析框架》，《世界经济与政治》2013年第7期；田野：《国际制度、国内政治与国家自主性》，上海人民出版社2014年版。

[②] 苏长和：《国内—国际相互转型的政治经济学：兼论中国国内变迁与国际体系的关系（1978—2007）》，《世界经济与政治》2007年第11期。

[③] 郑永年：《中国与全球资本主义》，《国际政治研究》2007年第1期。

[④] 秦亚青：《国家身份、战略文化和安全利益：关于中国与国际社会关系的三个假设》，《世界经济与政治》2003年第1期。

[⑤] 苏长和：《中国与国际体系：寻求包容性的合作关系》，《外交评论》2011年第1期。

二 本书研究框架：国内—国际互动中的发展与安全

中国与国际体系/国际制度之间的互动关系是一个很宏大的议题。这类研究若要取得进展，需要对一些具体的领域做更细致的研究，从而积累中国与国际体系如何互动的微观案例，整理出一些相对中观[①]的因果机制。本书认为分析国际力量如何影响国内政企关系是一个较好的切入点。本书主要是对国内政府部门、能源国企与国际力量三者之间的关系进行分析，其中一个重要的切入点，便是国际力量如何影响国内政府部门与能源国企之间的关系——更具体地说，是国际力量如何影响了国内政府部门对能源国企进行改革的意愿和能力，进而影响中国能源产业变迁。

从方法论角度看，提出一个分析框架，需要相对简洁才行，需要能用尽可能少的变量来解释尽可能多的现象。这样一来，选择哪些因素作为解释变量就非常重要。影响能源产业市场化进程的因素看起来有很多，但本书并没有选择在有些人看来是"理所当然"的因素作为解释变量，如能源供求形势、能源民企等，而是主要选择了国内政府部门、能源国企和国际力量三个因素作为主要的解释变量。这种选择，一方面是出于分析框架的简洁性的需求，另一方面则是出于以下理由。

本书没有把能源供求形势作为解释变量，是因为：能源供求形势会直接影响到政府是否要扩大能源供给的决策，但政府到底通过市场化的方式还是强化对能源产业的行政控制方式来扩大能源供给，却是都有可能。能源短缺既可能导向推动市场化的政策，也有可能导向强化行政主导的政策，最终采用何种政策，则取决于其他因素——如国

[①] 中观指的是既不过于宏大，又不过于琐碎。如很多中程理论就是中观的解释。

内政府部门的认知。如在 20 世纪 80 年代，国家能源供给普遍短缺，这时国家引入了市场化的尝试；但在 2003 年后国家能源供给形势再次紧张时，国家并未有进一步推动市场化，而是强调国家应该对能源产业保持绝对控制力（2006 年国资委文件）。同样是能源短缺，国家的政策选择却不一样，说明能源供求形势，虽会影响国家扩张能源供给（在能源供给短缺时）或是缩减能源供给（在国家能源供给过剩时）的政策，但与国家是否推动能源产业市场化之间却非简单的因果关系。而且能源供给的短缺或者过剩，本质上其实不在能源本身，而在于国内能源企业是否具备足够的资金、技术、现代化管理或"走出去"获取资源的能力。所以国内政府部门、能源国企和国际力量分析框架的解释，其实已经将能源供给的短缺或者过剩包含进去了。

本书没有把能源民企因素作为解释变量，是因为就总体而言，中国能源产业主要是以国企为主，民企所占份额较少。而且民企的影响力，相对于国企来说太小。而相对于外企的资金、技术和管理经验，及国际力量可能给中国能源安全带来的影响，外资等国际力量也是比能源民企更为重要的影响因素。

与上面那些变量相比，本书选择了三个行为体的行为作为重要变量：一是国内政府部门因素，二是能源国企因素，三是国际力量因素。

国内政府部门的经济战略目标变化和政府部门的权威，在很大程度上影响到国内能源产业市场化进程。国内政府部门在能源产业的决策主要是围绕发展和安全两个目标进行，但其在能源领域施行政策的意愿和能力很大程度上受到能源国企和国际力量的具体情势的影响。

能源国企是影响中国能源产业的极为重要的行为体。在中国能源产业，全民所有制是占主体地位的所有制，绝大部分时间里都是国有能源部门占据主体或垄断地位，再加上现在的能源国企往往是从当初的能源工业管理部门演变而来（如中石油是由石油工业部演变而来，煤炭国企大多是从地方矿务局演变而来，原来的电力工业部变为国家电力公司并拆分成现在的两大电网国企和五大发电国企），到今天还保有行政身份，具有较强经济控制力和政治影响力。而国有能源工业部门又往往是能源工业市场化改制的主要对象。所以能源国企因素是影响能源产业市场化进程的重要变量。

国际力量也是影响中国能源产业市场化进程的重要力量。1978年以来中国能源产业改革，也是中国不断融入世界过程的一部分。国际上的能源产业市场化潮流、中国能源产业对国际资金技术和现代化管理的依赖，以及后来国际能源资本和权力结构对中国能源产业造成的威胁感等，都深深地影响了中国的能源产业市场化进程。

中国的中央政府部门，正好处在国际力量和能源国企的中间，一方面是国际力量，另一方面是能源国企。国内政府部门在能源战略目标和执行能力方面受到这两方面的影响，同时国内政府部门也试图利用这两种力量来达到自己的目标。对于这种相互作用的机制，在本书第二章以及案例章有更详细的论述。

在这种框架下，本书提出以下假说：

假设1：国内政府部门在能源领域主要追求的目标是能源产业发展（效益）和能源产业安全，是在发展与安全两个目标中进行权衡。

假设2：能源国企和国际力量对中国能源产业效益和能源产业安全有重要影响，并借此而影响了国内政府部门对能源产业市场化的态度。当能源国企效益严重下降，国际力量对中国能源产业助益大且安全威胁小时，国内政府部门会在能源产业的发展与安全之间选择发展；当能源国企盈利能力上升，国际力量对中国能源产业助益小且安全威胁大时，国内政府部门会在能源产业的发展与安全之间选择安全。

假设3：当国内政府部门在能源产业的战略目标中选择发展时，中国能源产业市场化会得到大幅推进；当国内政府部门在能源产业的战略目标中选择安全时，就不再那么执着于市场化，而是更注重以各种方式来维护能源安全。

三 主要创新点

本书的贡献主要有几点：一是第一次比较清楚系统分析了影响中国能源产业市场化进程的原因，增进了对中国能源产业市场化进程的理解。本书主要是从影响中国能源产业市场化进程的几大重要行为体间博弈的角度，分析中国能源产业市场化被推进或被暂缓的原因。以前与中国能源政治相关的学术著作，要么只是单就石油、电力、煤炭、风电中的一种来写（如梁波、夏珑和史胜安、芮怀川），要么虽写了整个能源领域，但成书较早（如李侃如1988年出版的有关中国能源政治的书，是从中华人民共和国成立后写到20世纪80年代中期）。而且大多数研究只是描述改革措施有哪些，还有哪些不足，而对其中的政治经济互动分析较少。本书则增进了对这方面的理解。

二是借鉴了国际政治经济学的一些视角（开放经济政治学研究路径），指出了中国能源产业市场化变迁的政治经济学逻辑。国际政治经济学之前的研究，要么单纯强调国际体系（如霸权稳定论）的决定性作用，要么强调国内政治对国际合作或一国对外经济政策的影响（如第二代IPE学者），而对国际因素如何影响国内制度变迁（而不只是一国对外经济政策），虽然越来越重视，但总体上还是探讨得不够充分，尤其是对国际力量如何影响国内政企关系探讨得不多。本书则以中国能源产业作为案例，考察了在开放经济状态下，从国际力量如何影响国内产业市场化变迁（特别是国际力量如何影响了国内政府部门与能源国企之间的政企关系）的角度，分析了国际—国内互动如何影响国内政企关系。

本书有待进一步改进的地方：

首先，本书在国际力量方面，并没有选择一个主要的主体来分析。这是因为与国内能源国企作为能源产业主体不一样的是，在国际上，影响国内能源产业市场化进程的主体，并没有这么"单纯"，很难只找出"一个""最"重要的国际变量。而作为解释的理论或者解释的框架，就是要用尽可能少的变量解释尽可能多的事实。本书的分析框架的简洁性还有待进一步提升。

其次，本书力图指出国际—国内互动如何影响了中国能源产业市场化进程，但这种互动模式是否可以被用来解释其他产业的政策模式变迁，还有待进一步研究。

四 对一些质疑的回应

有的读者可能会质疑，在1993—2002年中国已经对能源产业进行了很多的市场化，那么在下一阶段就没有必要继续进行大幅度的市场化了。这种质疑没有考虑到几个因素。一是1993—2002年中国虽在能源产业推动了大幅度的市场化，但只是部分地达到当时政府的目标，还有很多方面没有达到当时政府的预期，所以我们需要解释为什么市场化没有进一步推进。如电力产业市场化虽然在2002年进行了厂网分开的大改革，但政府部门认为应该完成的许多市场化任务没有完成（如对电价的改革）。二是1993—2002年中国政府进行的一些市场化推进，在2003—2012年出现了反复，如在煤炭产业所有制改革方面，2003—2012年国内政府部门利用行政力量推动建设大型煤炭集团，整顿小煤矿，煤炭企业所有制改革方面出现了重新国有化趋势。三是很多其他产业在1993—2002年进行了大幅度的市场化，而在2003—2012年保持并深化了市场化程度，而能源产业却并非如此。

所以如果有人认为前一阶段进行了大幅度的市场化改革后，后一阶段就没有必要继续推进市场化，那为何很多其他产业在前一阶段推动大幅度的市场化后，在后一个阶段依然在继续推进这种市场化，而能源产业却没有？

有的研究者可能认为笔者忽略了对非国有的企业作用。除了国有企业外，民营企业和外资企业确实都在中国能源产业中发挥了一定作用。而本书的国际力量中已包含了外资企业。本书为从更具有IPE特点的国际—国内互动角度来分析中国能源产业发展，为更清晰地分析这种互动是如何产生的而不得不选择最能影响互动的行为体。在国内的能源企业中，总体而言能源国企要比能源民企的政治和经济影响力大很多，所以在国内影响政府能源政策的行为体中，笔者选择了能源国企，而没有选择能源民企。但这并不表明笔者认为能源民企在中国能源产业发展过程中就不起作用（实际上在某些时候还是有较为重要的作用），而是通过对政府、能源国企、国际力量之间的互动，就可以把能源政策制定的逻辑讲清楚。能源民企虽然有作用，但相对能源国企、国际力量和国内政府部门还是比较被动。所以本书分析框架并没有把能源民企纳入其中。

地方政府在中国能源产业市场化进程中的角色是什么？是否被忽略了呢？总体而言地方政府处在中央政府的控制之下。地方政府与其他能源相关行为体的互动很精彩，但我在本书中并未过多着墨。这是因为中国能源政策，主要的决策都是中央政府来做，地方政府更多是执行者。虽然地方政府在执行过程中有一定的自主性，但总体上还是处在中央政府的控制之下。

本书只写到2012年，2013年后能源产业的市场化进程还在进行中，有很大不确定性，所以本书并未涉及。

五 本书结构

本书结构如下：第二章先是描述中国能源产业经历的变革，指出中国能源产业经历了初步市场化阶段（1978—1992年）、大幅度市场化阶段（1993—2002年）、转向能源安全阶段（2003—2012年）。接着分析了影响中国能源产业市场化进程的国内政府部门因素、能源国企因素、国际力量因素，建立起本书的分析框架。

第三、四、五章分别以石油产业、电力产业、煤炭产业为例，分析了国内政府部门、能源国企与国际力量之间的互动对中国能源产业市场化进程的影响。中国的一次能源消耗主要是煤炭和石油（这两类占了总消耗的将近90%），二次能源主要是电力，所以本书主要以煤炭、石油、电力为案例进行分析。

最后是结语，在总结前面几章的主要观点的同时，进一步概括和提炼。

第二章 平衡发展与安全：中国能源产业变迁中的国内—国际互动

本章分别对能源领域的三股重要力量——国内政府部门、能源国企、国际力量——进行了分析。第一节指出了中央政府部门在中国能源领域里的主导性地位，并指出其主要能源战略目标经历了从扩大国内能源开发能力，到提升能源国企效益（追求产业发展），再到保障国家能源安全（追求产业安全）的变迁，而这种能源战略目标的变化，很大程度上是受到能源国企与国际力量的影响；第二节指出了能源国企的行为与表现如何影响了中国能源产业市场化进程；第三节指出了国际制度和国际能源市场权力结构对中国能源产业政策的影响，并指出国际力量经历的角色变迁：从对比的"实验室"角色到推动能源产业市场化、倒逼能源国企改革的角色，再到威胁中国能源安全的角色。第四节则指出了国内政府部门、能源国企与国际力量的互动机制，如何影响了中国能源产业市场化变迁。

第一节 国内政府部门与中国能源产业

纵观中国改革开放以来能源产业发展的历史变迁，可以看出对能源产业政策影响最大的是政府部门，主要是中央政府部门。当然地方政府部门是许多能源政策的具体执行者,所以地方政府对中国能源产业也有一定的影响,但这种影响,长期来看基本上是处在中央政府的控制之下的。在这一部分,本书将介绍中央决策者、国务院与能源产业相关的委员会,以及能源工业管理部级单位。

一 中央决策者

本书所聚焦的 1992—2012 年,一般是国务院总理负责中国的经济事务。[①] 各位副总理一般都各有分工,通常都有一位副总理分管能源工作。此处主要介绍邓小平和改革开放后几位国务院总理(李鹏、朱镕基、温家宝)对中国能源产业的重要影响。

邓小平非常重视能源问题,也很重视利用外资和市场化手段来发展能源产业。首先,邓小平非常重视能源问题。1980 年 4 月 2 日,邓小平在同中央负责人谈长期规划问题时提到能源问题,他说:"长期规划第一位的问题是能源,把它规划好了,使它真正走在前面,就解决了长期规划一半的问题。这个问题不解决,各项事业寸步难行。"[②] 1982 年他又指出党的十二大提出的社会主义建设目标的"战略重点,一是农业,二是能源和交通,三是教育和科学"。[③] 其次,当时在能源方面的很多事情,邓小平起了很大作用。如中外合资的平朔安太堡露天煤矿项目(是当时中国最大的中外合资项目,也是当时世界上最大的露天煤矿项目)就是邓小平一手促成的。改革开放后以石油换外

[①] 负责日常经济工作的第一副总理因为通常都是政治局常委,所以可能会成为国家经济的重要负责人,如朱镕基在成为国务院第一副总理之后就是如此(参考 1995 年 1 月 9 日朱镕基会见日本大藏大臣武村正义时的讲话,朱镕基:《朱镕基讲话实录:第二卷》,人民出版社 2011 年版,第 102 页)。

[②] 中共中央文献研究室编:《邓小平思想年谱》(1975—1997),中央文献出版社 2011 年版,第 301 页。

[③] 中共中央文献研究室编:《邓小平思想年谱》(1975—1997),中央文献出版社 2011 年版,第 432 页。

汇，以外汇买技术设备的政策，也是在邓小平的过问下恢复的。在中央决定建设广东大亚湾核电站后不久，就发生了切尔诺贝利事件（1986年4月），这让很多香港人反对在深圳建设核电站（因为靠近香港）。当时主管能源领域事务的副总理李鹏不能决定是否要继续坚持建设，邓小平的意见是要继续坚持建，而大亚湾核电站项目也因此得以继续建设下去。① 最后，邓小平也很重视利用外资和市场化手段来发展能源产业。1984年3月25日，邓小平说："翻两番，分成前十年和后十年，前十年主要是为后十年的更快发展做准备。这种准备包括四个方面，一个是能源，一个是交通，一个是原材料，一个是智力。这需要大量的资金，我们很缺乏，所以必须坚持开放政策，欢迎国际资金的合作。"②

李鹏总理应该是中国对能源/电力行业最为熟悉的国家领导人。李鹏年轻时就读于莫斯科动力学院水力发电专业。回国后他曾长期在电力部门工作，先后出任北京电业管理局局长、电力工业部部长，1983年出任国务院副总理。任国务院副总理期间，李鹏主管能源、交通领域，后来又出任国务院总理和全国人大委员长，在中国一系列重大能源决策中起到了重要作用。

朱镕基任总理期间，中国能源产业更重视产业效益和发展，并因此推动了大幅度的市场化。1983年朱镕基出任国家经委副主任，曾经分管过一段时间的电力行业。1991年朱镕基由上海市委书记调任中央，1992年出任中共中央政治局常委，并于1993年出任国务院主管日常经济工作的第一副总理，成为中国经济重要负责人。在1998

---

① 参见李鹏《起步到发展：李鹏核电日记（上下册）》，新华出版社2004年版，第405—438页。

② 中共中央文献研究室编：《邓小平思想年谱》（1975—1997），中央文献出版社2011年版，第494页。

年出任国务院总理后，朱镕基在经济管理方面的权限更大了，也为他推行一系列改革提供了条件。后来能源领域的价格市场化、能源国企建立现代企业制度、电力体制改革等政策，就是在朱镕基的大力推动下实行的。

温家宝任总理期间，中国能源产业开始更重视产业安全问题。温家宝以总理身份担任新成立的国家能源领导小组组长和国家能源委员会主任，这在之前是没有过的（之前单独的能源类组织机构负责人最高也就是由副总理担任）。同时，在温总理任内，电力产业市场化搁浅，石油产业的行政介入得到加强，行政力量主导着煤炭企业的各种重组，朱镕基时期的能源领域市场化导向在这个时期演变成更依赖行政力量的局面。

二 国务院的委员会

在中国国务院的行政建制中，委员会往往起着协调各部的作用，如国家计委、国家经委、国家教委、国家能源委等。

国家发展和改革委员会以及国家计委：国家发展和改革委员会（以及其前身国家计委），对能源领域有非常重要的影响。国家计委/发改委掌握投资的批准权、能源价格制定权（如石油价格、电力价格、煤炭价格），对中国能源产业影响很大。改革开放后，国家计委内部都有副主任专门负责能源等领域的事务，如后来担任能源部部长的黄毅诚，之前在国家计委担任副主任时，就负责能源等领域的事务。2008年国家将发改委能源局升格为国家能源局，仍由国家发改委管理，局长通常由发改委副主任兼任。

国家能源委：中国在改革开放后曾两次设立国家能源委。第一次是在1980年，由国务院副总理余秋里兼任国家能源委主任。但国家能源委成立仅两年，因与国家计委在能源投资和价格管理等权限方面存在交叉重复,就被撤销了。中国再次成立国家能源委是在2010年,在2005年成立的国家能源领导小组的基础上组建的,由温家宝总理出任主任。温家宝卸任总理后,李克强总理接任国家能源委员会主任。

国资委:2003年国资委成立,成为石油、电力、煤炭领域重要国企的监管者。国家成立国资委是为解决国有企业出资人缺位困境,保证国有资产保值增值。因为国资委的任务是要将国企做大做强,所以当石油、电力国企利用自身政策优势来获取利润时,往往会得到国资委的大力支持。国资委在2006年发布的文件中,指出国有资本要对电力电网、石油、煤炭等七大产业保持绝对控制力。

三 部级单位

能源部(1988—1993年):1988年,中国政府撤销了煤炭工业部、石油工业部和核工业部,分拆了水利水电部,成立能源部,意图实现政企分开并强化协调。但能源部在成立后碰到许多困难。最后能源部被撤,很大程度上是因为大部制改革本身的条件还不成熟。欧美国家的中央政府之所以只需维持较少的部门,很大程度上在于这些国家有较完善的市场经济,政府不必承担微观上的经济管理职能,无须太多行政部门和人员。但在20世纪80年代末90年代初的中国,市场经济远未建立起来,所以政府不敢也不能完全放手,因而能源部这样精简的新部门就显得不合时宜,最终在1993年被撤销。

国家能源局(2008—现在):能源部于1993年被撤销后,中国就没有统一的能源管理部门。因此在历次政府机构改革中,成立能源部的呼声一直很高。或许是考虑到之前能源部运作不力导致被撤销的经历等,国家没有成立新的能源部,但对于能源的统一管理的需求却一直存在。为此国家开始将发改委能源局升格为国家能源局,由国家发改委副主任兼任国家能源局局长，这样就可以更好地协调国家能源局与发改委在能源投资与价格管理方面的权限。在2013年，已经成立10年但一直运作不力的国家电监会也被并入国家能源局，进一步提升了国家能源局在能源管理中的地位。

石油工业部、煤炭工业部、电力工业部：（1）石油工业部在1988年能源部成立时被撤销，原石油工业部改组为中国石油天然气总公司（简称"中石油总公司"），由国务院直接领导（中石化在这之前已独立于当时的石油部，直接归国务院管理；而现中海油公司则是在1988年脱离石油部管辖，直接归国务院管理）。而由石油工业部改组的中石油总公司，在1998年经历了改制重组：中石油与中石化一方面分离行政职能，另一方面各将一部分资产对换，以期实现两大石油公司之间的竞争。（2）煤炭工业部在1988年能源部成立时被撤销，1993年能源部被撤销后又重新恢复，但其编制比1988年前的煤炭工业部要小很多，而且被规定不再干预企业的微观管理，只负责煤炭行业宏观战略规划等工作。在1998年政府机构改革过程中，煤炭工业部再次被撤销，其行政职能被转给由国家经贸委管理的国家煤炭工业局。（3）电力工业部的成立与撤销与煤炭工业部步伐基本一致：1988年水利电力部中电力部分行政职能并入能源部，在能源部撤销后，电力工业部重新成立并在1998年再次被撤销。中国能源管理机构的沿革如图2-1所示。

四　平衡发展与安全：中国能源产业变迁背后的政府目标

中央政府部门制定的国家经济体制改革战略目标，对中国能源产业产生了很大影响。1978—2012年，中国经济体制改革经历了三大阶段，第一阶段是1978—1992年，中国经济体制改革的主要目标是引入市场机制的尝试；第二阶段是1993—2002年，改革的主要目标

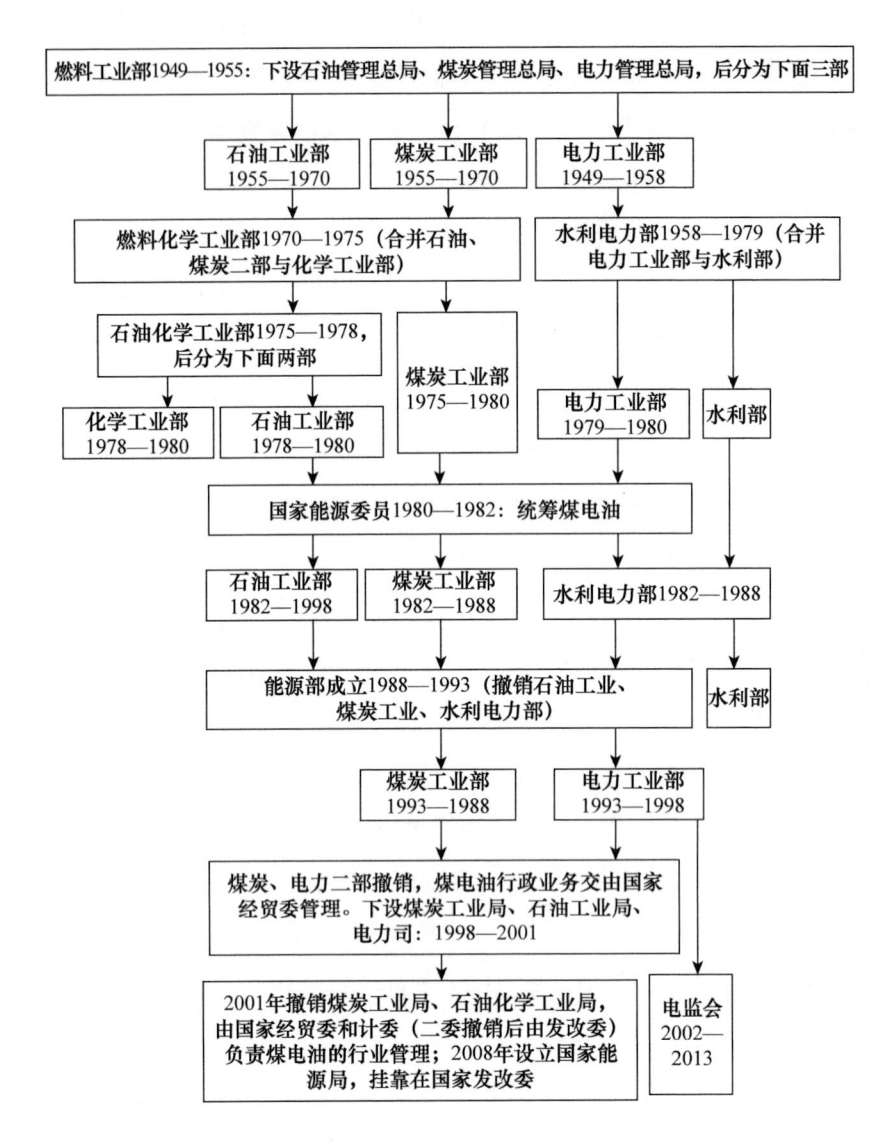

图 2-1 中国能源管理机构沿革

资料来源：笔者本人根据相关资料整理。

是建立社会主义市场经济体制；第三阶段是 2003—2012 年，改革的主要目标是完善社会主义市场经济体制。国企改革是国家经济体制改革的核心内容。国企改革也从一开始强调扩大企业经营自主权（经历了从单纯放权让利到利改税，再从利改税变成承包制），到1992年后在国企全面建立现代企业制度（这时国有企业已从"80年代企业的盈亏问题变成90年代企业的生死问题"[1]），再到2003年后重新调整国有企业布局和国有资产管理体制（建立了国资委体制）。这种经济体制改革的大背景，对中国能源产业影响非常大。

与经济体制改革相伴随，改革开放以来中国能源领域的国家战略目标有三次重大变化。在1978—1992年，能源领域的国家战略目标主要是强调稳产增产；[2]即充分利用各种资金和技术来扩大能源生产能力，此时中国并不缺能源资源，却缺乏开发资源的资金和先进技术；在1993—2002年，能源领域的国家战略目标主要是强调效益和发展，即利用各种市场机制（利用市场价格机制、建立现代企业制度等）来提升能源国企的经济效益，减少亏损，减少政府的财政负担；在2003—2012年，能源领域的国家战略目标，主要是强调能源安全，表现为政府利用各种手段来保障中国国企在能源领域的主导地位，维护国际能源市场中的中国国家能源安全。在能源领域，发展与安全这两个目标从短期看是存在冲突的，但从长远看又是一致的。发展是安全的基础，安全是发展的条件。

而改革开放后国家能源战略目标的变化，除了受到国家（政府部门）总体经济战略目标的影响外，也在很大程度上受到能源国企与国际力量的影响。接下来会介绍能源国企与国际力量的影响。国家总体

---

[1] 石建国：《改革开放后党对经济体制改革的理论探索与国企改革的路径选择》，《党的文献》2013年第4期。

[2] 如国务院在研究1981年经济计划时，当时石油部的领导表示：如果国务院不增加给石油部门的投资，石油部门向国内提供1亿吨石油会比较困难。而当时的国家领导人就说："石油产量不能降，否则国民经济得重新安排。"参见"百年石油"编写组《百年石油》，石油工业出版社2009年版，第187页。

经济战略目标、能源国企、国际力量与国家能源战略目标之间的关系如图 2-2 所示。

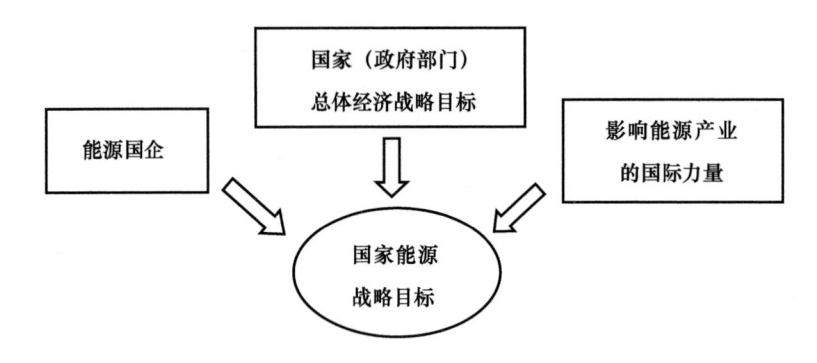

图 2-2 国家总体经济战略目标、能源国企、国际力量与国家能源战略目标关系

资料来源：笔者自行整理。

第二节 能源国企与中国能源产业市场化

能源国企尤其是大型能源央企在很大程度上影响了中国的能源产业市场化。一方面能源国企确实在很多时候为保障国家能源安全等做出了贡献，另一方面能源国企也有自身的利益诉求。

一 能源国企的变迁

（一）国有石油工业部门

1982 年中国海洋石油总公司（简称中海油）成立，主要负责在中国海域开采石油天然气资源；1983 年中国石油化工总公司（简称中石化）成立，主要负责中国石油产业下游炼油与化工产业；1988 年中国石油天然气总公司（简称中石油）成立，主要负责中国陆上石油的勘探与开采。1998 年国家对这三家公司进行了集团公司制改制，意图向现代企业制度转变。

石油工业部门在政府中占据着重要角色。在改革开放初期，石油工业部门的领导人，像余秋里和康世恩等，后来都成为国家领导人（二人均成为国务院副总理）。在经历了1998年的石油国企改制重组后，国有石油公司所面临的行政责任有所减轻，而其拥有的行政权力也相应有所减少。但后来出于维护国家石油安全的需要，国家保留甚至一定程度上提升了石油国企行政性地位，石油国企的市场权力得到明显增强。石油国企高管与政府高级官员之间的互调频繁，以中石油为代表的几大石油央企，基本主导了中国石油产业的上游勘探开发、中下游的炼化、流通市场。

（二）国有电力工业部门

1982年华能国际成立，1988年中国组建了电力工业的第一个电力集团公司——华能集团公司。同样在1988年，中国开始将各省电力工业局改为省电力公司，将大区电业管理局改为电力联合公司，到1993年成立了五大电力集团（东北、西北、华北、华中、华东五大电力集团）。1997年国家电力公司成立，在2002年电力体制改革中，国家电力公司被拆分为两大电网公司（国家电网、南方电网）、五大发电集团（华能、华电、国电、大唐、中电投）、四家辅业集团。

国家电网成立于2002年，是国家实行电力产业市场化、拆分国家电力公司的产物。当时国家主张电力产业市场化，先实行厂网分开，将国家电力公司分拆为负责发电的五大电力集团，及负责输配售电的国家电网，并主张随后进一步推动输配分开，同时，为更好地进行电力产业市场化，国家还成立了电监会，但作用不明显。电监会一直想推动输配分开，国家电网则声称输配电一体化更有优势。在发电国企方面，国内发电厂占比最大的是火电厂（即燃煤发电厂）。由于政府控制电价，煤炭价格上涨时电价不能自由跟随煤炭价格上涨，这使得一些发电企业选择关停电厂,减少发电量。政府不希望出现发电量下降的情形,就开始协调电煤价格和电力价格的关系。

20世纪80年代中期,在国家发电能力不足的情况下,国内政府部门引进了外资来增加国内发电量。此时国有电力部门与外资电力部门间相安无事,双方发出的电都可以上网。但后来电力供应过剩,双方因为卖电而发生矛盾。20世纪末在独立电厂(外资电厂是其中很大一部分)和世界银行的推动下,中国的电力产业市场化重新拉开帷幕。后来中国电力供应再次紧张,外资电力公司因为不堪政策性亏损而撤出中国电力市场。以国家电网为代表的国有电力部门对电力产业市场化持负面态度,而主张电力产业市场化的世界银行对中国影响日益下降,2003—2012年中国电力产业市场化被暂缓。

(三)国有煤炭工业部门

1988年煤炭工业部被撤销时,中国统配煤矿总公司成立,分为关内和东北两家。后来能源部想进一步分拆关内统配煤矿总公司但未成功,能源部也因为推动能源产业改革不力而于1993年被撤销。国家也同时撤销了中国统配煤矿总公司,重新成立煤炭工业部。1998年中国煤炭国企进行了大幅度的市场化改革:在大的煤炭国企推行现代企业制度建设,国有重点煤矿下放给地方政府,一些资源枯竭或难以扭亏的矿井被关闭。国有重点煤矿被下放给地方后,地方也曾短暂地推动这些煤炭企业的市场化。

二 能源国企在中国能源产业市场化中的角色变迁

能源国企在中国能源领域的角色,经历了三个阶段的变迁:(1)在1978—1992年,能源工业还是处在政企合一或者政府代行企业职能的阶段。能源国企大多还是在以往的计划经济模式下运作,虽然有些市场化的尝试,但总体上没有发生类似农业领域那么大的变革。国有能源工业部门不太愿意被改革，而政府在这个阶段也试图将国企/国有能源工业部门作为稳定能源产量和价格的工具。（2）在1993—2002年，能源国企在制度上发生了巨大的变革。为削减企业亏损，政府将能源国企全面推向市场，在能源国企建立现代企业制度并使之成为追求盈利的主体。（3）在2003—2012年，很大程度上源于中央政府维护国家能源安全的考虑，能源领域出现了"再国有化"潮流。

（一）改革开放初期的国有能源部门：以能源部改革为例（1978—1992年）

在改革开放初期，拥有政企合一身份和意识形态合法性优势的国有能源工业部门有着很大的影响力。1988年国务院成立能源部，意图推进能源工业改革，但一些国有能源部门不太配合，此处以中国统配煤矿总公司为例进行说明。

国务院于1988年成立能源部，但能源部成立后不久就遭遇困境，其中一个重要原因在于中国统配煤炭总公司（由原煤炭部改组而成）的不合作。首先，能源部准备将中国煤矿统配总公司分拆成几个地区性公司，但遭遇很大阻力。一些原煤炭部的老领导给中央写信，"提出要恢复煤炭统一管理机构"，成立全国性的煤炭总公司。[①] 其次，能源部主张实行政企分开和权力下放，但实际执行效果很差。当时国家希望将企业经营权力下放给中国统配煤矿总公司这类"企业"后，然后这些总公司再将权力下放给其下属企业。但"不少这类公司（即总公司）不仅没有下放权限，反而以自己是企业，要统一经营管理人、财、物、产、供、销、内外贸为名，把前些年已经下放给企业的

[①] 黄毅诚：《能源部的来去》，《能源部：1988—1993》，大连出版社1993年版，序言。

权力又收上来了"。①

中国统配煤矿总公司的不配合，使得能源部后期无法推进进一步改革。对于中国统配煤矿总公司（还包括石油天然气总公司等）以企业身份行使行政权力，能源部表示不满，黄毅诚说"我们（能源部）是政府，他们是企业。企业就要当企业来办，不能拿企业的工资办政府的事"。但他依然无法掩盖当时能源部的无力，他会经常尴尬地碰到这样的问题："（能源部的）红旗还能打多久……就是能源部还能存在几天（的问题）。为了安定大家的情绪，我差不多过一段时间就要在部机关大会上讲话，一是布置具体的工作，二是说些安定人心的话，要求大家只要能源部存在一天，就要好好做工作，努力做出成绩来。"② 这其中的尴尬，与后来电监会的情形极为相似。

（二）能源行业亏损与国有能源部门地位的削弱（1993—2002年）

1992年后，国家提出建立"社会主义市场经济体制"，国有企业拥有唯一意识形态合法性的局面被打破。而此时能源国企的亏损使得其反对政府推动能源产业市场化的理由不再充分。

其实之前中国能源国企中的煤炭和石油业也曾出现亏损。煤炭国企从1984年起就一直在亏损，石油工业在1991年前也出现了几年亏损。但那时能源国企主要将其亏损主要归因于政府对煤价和油价的故意压低。③ 虽然政府想借改革提升能源国企效益，但因为有些亏损确实跟政府控制煤价和油价有一定关系，所以能源国企还是有一定的

---

① 黄毅诚：《谁是企业》，《能源部1988—1993》，大连出版社1993年版。
② 黄毅诚：《我的故事》，内部发行资料，第289页。
③ 如中石油总公司总经理王涛就认为20世纪80年代中后期石油行业亏损是因为国家对价格的压低，而不是因为中石油本身经营管理不行。参见Mark Groombridge, *The Politics of Industrial Bargaining: the Restructuring of State-owned Enterprises in the People's Republic of China, 1978 to 1995*, Doctoral Dissertation, Columbia University, 1998.

理由来说服政府不要推动市场化改革。这时能源国企不希望政府推动能源产业市场化（因为这样很有可能损害能源国企的利益），而希望以行政方式提高煤电油的价格。

煤炭和石油价格此时与国际市场已比较接近（1997年国内煤价已高于或接近国际煤价，国内生产的原油成本价也比进口原油售价高），国内的煤炭、石油国企还是陷入亏损（或是潜亏——实际上亏损但通过一些财务手法不让亏损显现出来），这时能源国企无法将亏损归咎于政府对能源价格的压低，它们反对市场化改革的理由已不够充分。

国内政府部门也利用国际力量，将包括能源国企在内的国企改革，从所有制改革的公私之争，转变为民族工业与外国公司的中外之争，进一步削弱了包括能源国企在内的国有工业部门反对市场化改革的能力。

（三）能源安全问题的兴起与能源国企地位的提升（2003—2012年）

能源国企效益的大幅改善提升了其地位。1998年全国国有企业利润总额只有"214亿元"，而2003年全国国有企业盈利已达4769亿元[1]（净资产利润率也从1998年的0.4%上升为2003年的6.7%，2004年的9.6%），2011年更是高达24670亿元。[2] 如中石油股份公司2002年利润超过500亿元，2003年接近700亿元，2011年达到1329亿元，被民间称为亚洲最赚钱公司。煤炭黄金十年，也使煤炭国企的效益相比20世纪90年代大为提升。相比之前多年的亏损，2003年全国煤炭工业大型以上企业获得了57亿元的利润，到2011年

---

[1] 数据来源于中国财政年鉴编辑委员会编：《中国财政年鉴2005》，中国财政杂志社2005年版，第384页。
[2] 数据来源于中国财政年鉴编辑委员会编：《中国财政年鉴2013》，中国财政杂志社2013年版，第456页。

全国煤炭工业大型以上企业利润已达2029亿元。① 在电力产业，虽然发电企业因为煤炭价格上涨而有段时间利润不高，但电网的利润却一直在高速增长，2003年国家电网利润为41.6亿元，到2011年已经增至533亿元。能源国企利润的高速增长无疑提升了其地位。

能源安全形势的严峻也提升了能源国企的地位。此时国家对国际能源产业的资金、技术不再那么依赖，而外资进入中国抢占甚至控制中国能源市场的可能性，使国内政府部门更依赖能源国企来保障国家能源安全，而不再如之前那样执著着推动能源产业市场化。

第三节　国际力量与中国能源产业市场化

既有的国际关系/国际政治经济学研究，往往强调国际力量会影响一国对外政策。实际上不仅是一国对外政策，一国国内行为体的行为乃至国内制度变迁，在很大程度上也受到国际力量的影响。

一　国际力量与国内制度变迁

琳达·维斯、约翰·霍布森曾强调地缘政治对东亚经济成功的影响。② 他们指出，20世纪下半叶日本、韩国及中国台湾地区在选择战略性产业发展政策时，地缘政治考量是重要动因。20世纪50年代，中国台湾当局和韩国政府分别将反攻大陆、统一朝鲜半岛，而非经济

---

① 数据来源于中国煤炭工业年鉴审委员会：《中国煤炭工业年鉴2004》，中国煤炭工业出版社2004年版，第72页；中国矿业年鉴编辑部：《中国矿业年鉴2012》，地震出版社2012年版，第52页。

② 他们主要从新国家主义来解释东亚经济成功，而新国家主义对此现象的解释主要包括两个方面，一是治理式互赖，二是地缘政治学。参见［美］琳达·维斯、约翰·霍布森《国家与经济发展：一个比较及历史性的分析》，黄兆辉、廖志强译，黄玲校，吉林出版集团有限责任公司2009年版。

发展,作为排在首位的目标。那为何在 20 世纪 60 年代二者都把首要目标转向经济发展?一个重要原因是 1963 年美国宣布将停止对台湾当局、韩国政府等政权的经济援助。之前台湾当局及韩国政府购买军备的外汇主要来自美国的援助,一旦美国停止经济援助,那么台湾当局和韩国政府不得不自行发展经济(尤其是可以换取外汇的出口贸易)。而在美国政府准备正式与中国建交时,台湾当局担心自己被美国放弃,于是以非常有诱惑力的条件吸引美国通用汽车公司进入中国台湾重卡行业,既借此增加美国国内商业集团对台湾当局的依赖,也借此增强台湾当局的军工制造能力。[①] 1973 年,韩国开始推行大规模发展重化工业的战略,主要缘于国际体系层面的两种因素,一是韩国想赶超日本,并防止韩国经济成为日本附庸的想法;二是美国大规模从韩国撤军,使韩国不得不考虑自行应付朝鲜的威胁。国际压力也是促成近代日本推动国内改革(明治维新),进而变强的重要原因。

  国际体系对中国的影响更是非常大:改革开放 40 多年,是中国不断融入全球资本主义体系的过程。按照郑永年等学者的看法,这一进程经历了三个阶段:"引进来""与世界接轨""走出去"。如果具体到能源产业,我们可以发现,在引进来的阶段,正是中国能源产业进行初步市场化尝试的阶段;在与世界接轨的阶段,正是中国能源产业市场化深化,强化自由竞争的阶段;到走出去的阶段时,是中国能源产业市场化放缓的阶段。此间中国与全球资本主义体系经历了"双重转型":"中国因为融入世界经济体而改变自己,世界经济体也因为有了中国而在改变自身。"[②] 在中国加入国际体系的初期,国际体系对中国的塑造作用,要远大于中国对国际体系的影响。因为以国际制度为核心的国际体系,有很

  [①] [美]罗伯特·韦德:《驾驭市场》,吕行建等译,企业管理出版社 1994 年版,第 167 页。
  [②] 郑永年:《中国与全球资本主义》,《国际政治研究》2007 年第 1 期。

强的制度刚性，不太容易被改变。而随着中国越来越强大，外汇储备越来越多，技术越来越先进，中国对国际资金、技术的依赖程度不再像以前那么高；中国经济的发展，也使得中国政府越发自信，并开始试图影响国际体系和国际规则。

二 影响中国能源产业市场化的国际力量

本书在这一部分，主要从国际制度和国际能源市场权力结构两个方面来阐述影响中国能源产业变迁的国际力量。

（一）国际制度：世界银行、世界贸易组织等

在影响中国能源产业市场化进程的国际制度方面，这里以世界银行和世界贸易组织为代表进行介绍。

1. 世界银行

世界银行是"二战"后西方国家建立的世界经济体系三大支柱（世界银行、关贸总协定/世贸组织、国际货币基金组织）之一。世界银行成立初期的目标是帮助西欧等国家从战争的废墟中重建经济繁荣，后来世界银行转而以帮助发展中国家发展经济为主要目标。1980年中国成为世界银行成员国，1981年接受世界银行第一笔贷款。在改革开放初期，中国只希望申请世行的软贷款（就是长期无息贷款），而不愿申请世行的硬贷款（长期低息贷款）。而世行在1981年曾建议中国积极使用世行贷款，"从长远出发，尽快提出贷款项目规划"。[①] 到2000年6月，世行已向中国提供340亿美元贷款，200多个援助项目，中国成为接受世行贷款最多的国家。[②] 中国也成为"实

[①] 李岚清：《突围：国门初开的岁月》，中央文献出版社2008年版，第297页。
[②] 李一文：《世界银行与第三世界国家的发展：兼论世界银行与中国的关系》，《南开大学法政学院学术论丛》，2001年。

施世界银行项目最成功的国家之一，很少找到失败的例子"[1]。在能源方面，世界银行于 1985 年给山西潞安矿务局常村矿井提供了总额为 1.26 亿美元的贷款，主要用于常村矿井采购先进设备和引进先进管理经验。[2] 世界银行还支持中国建设水电站，如在二滩水电站项目中向中国提供了 9.3 亿美元贷款，使之成为 20 世纪中国投产的最大水电站，在当时也是世界银行单一工程贷款额度最大的项目。二滩水电站需按照世界银行的要求对工程项目实行国际招标建立现代企业制度。

世界银行不仅提供资金援助，而且热衷推动受援对象国经济体制变革。世界银行曾坚定支持"华盛顿共识"，在给中国电力建设提供大量贷款的同时，"世行代表常以推动我国改革为由，要求电价改革、机构改革，甚至要求聘请外国人做这方面的专题研究……还特别关心企业的财务状况和经营能力"。[3] 而在 20 世纪 80 年代，国内政府部门在发展能源方面存在大量资金需求，也想利用世界银行来推动中国电力等领域的改革。只不过那时国有能源工业部门的话语权还很大，因此政府主要以在个别地方实验性地引入世界银行等外部资金、技术和现代化管理，通过与既有国有能源工业部门的对比来推动变革。到 20 世纪 90 年代后，世界银行更多参与了中国电力体制变革，积极推动中国电力产业市场化。

外汇储备等资金的大幅增加，使中国对世界银行等机构的资金需求日益下降。中国在 1978 年时外汇储备只有 1.67 亿美元，到 1993 年时仍只有 212 亿美元。对中国来说，仅仅这些外汇储备显然无法保

---

[1] 赵诚、丁东:《世界银行与中国回顾与展望：访世界银行中国业务局局长黄育川》，《国际融资》2000 年第 2 期。
[2] 煤炭工业部编:《中国煤炭工业年鉴：1994》，煤炭工业出版社 1995 年版，第 178 页。
[3] 中国水力发电年鉴编辑部编:《中国水力发电年鉴：1992—1994》，中国电力出版社 1995 年版，第 533 页。

障经济的高速发展。不过在2003年，中国外汇储备同比增加第一次超过1000亿美元（比2002年增加将近1200亿美元），当年总外汇储备达到4000亿美元，到2006年时，中国外汇储备已经超过1万亿美元了。[1] 2007年，中国对世行进行捐资，开始从世行贷款接受国变成世行捐款国，中国学者林毅夫也于2008年赴世界银行任高级副行长和首席经济学家，说明中国对世行的影响力不断上升，而相应之下，在2003年后世行对中国的影响力（相比20世纪90年代）则呈下降趋势。

2. 世界贸易组织

中国复关入世的历程可以分为两个阶段[2]：第一阶段是1986年到1992年，此时中国方面主要是应对经济体制审查；第二阶段是1993年到2001年年底中国入世被正式批准，此时中国主要是与关贸总协定/世界贸易组织进行复关/入世谈判，尤其是与美国谈判。[3]

中国的国企改革与入世申请是相互促进的关系。[4] 1999年，在一

---

[1] 历年外汇储备数据可以参考国家外汇管理局网站上的数据（http://www.safe.gov.cn/2018/0612/9313.html）。

[2] 20世纪八九十年代中国急需外汇，而要获得外汇主要依赖出口。当时中国主要的出口对象，是关贸总协定成员国（与关贸总协定成员国的贸易占当时中国对外贸易总额的80%以上）。关贸总协定成员国之间的关税税率要低于关贸总协定成员国与非成员国之间的税率，因为中国不是关贸总协定成员国，所以在出口方面比较吃亏。如1982年对外经贸部会同外交部等部委在向国务院上报的请示报告中指出："我国实行对外开放政策，我同关贸总协定成员国的贸易正在发展，其贸易额已占我外贸总额的80%左右。因此，不管我是否进入该协定，总协定的有关决定对我都有直接、间接的影响和利害关系。"因此中国政府决定加入关贸总协定（世界贸易组织）。参见李岚清《突围：国门初开的岁月》，中央文献出版社2008年版，第333页。

[3] 赵忆宁：《朱镕基总理决断中美谈判的故事：专访中国复关及入世谈判代表团团长龙永图》，《21世纪经济报道》2011年11月21日第13版。

[4] 中国政府只有先进行国内改革，才有机会加入关贸总协定/世界贸易组织，进而扩大对外出口。这时关贸总协定/世界贸易组织就起到了倒逼中国国内改革的作用。如中国复关第一阶段的主要内容是关贸总协定方面对中国经贸体制进行审查，一般来说，对其他国家的审查一般也就是一两个月，而对中国的审查却进行了6年，这是因为申请加入关贸总协定的前提是申请国是市场经济国家，而关贸总协定方面认为中国经济不是市场经济。在1992年党的十四大上中央宣布"建立社会主义市场经济是我们经济体制改革的目标"后，关贸总协定方面才结束了对中国长达6年的经济和贸易体制审查。参见吴迎春《中国复关首任谈判代表团团长沈觉人谈：中国入世的开篇文章》，《亚非纵横》2003年第1期。

次人大会议上,有记者问到中国国企改革与中国申请入世之间的关系,国家经贸委副主任陈邦柱回应说:"国有企业改革与中国加入世贸组织是相辅相成、相互促进的关系。中国在国有企业改革方面的进展,会促进中国加入世贸组织的进程。中国如能早日加入世贸组织,也会促进国有企业进一步深化改革。"[1] 一方面,中国1992年决定建设社会主义市场经济,对国内价格机制、企业制度、外贸体制进行了一系列的改革,这些改革增加了中国加入关贸总协定/世界贸易组织的可能性;另一方面,中国为加入世贸组织而承诺了更多市场化和自由化的政策,能源领域便受到此类影响。为加入世界贸易组织,中国接受了美国等国家很多政策性要求,如中美在1999年签订的关于中国加入世界贸易组织的协议,"包含了大量的经济改革要求,大概900项法律需要因此而废除或作出相应的改变"。[2] 中国为加入世界贸易组织而做出的承诺包括:价格方面,承诺不会扩大国家定价的范围,并逐步取消国家定价的方式;承诺中国政府的采购会对外国企业与中国国企一视同仁等。[3] 这些承诺客观上促成了20世纪90年代中后期中国能源产业向强化自由竞争的方向转变。不少人认为中国政府加入世界贸易组织是为了倒逼国内改革:当年曾任美国贸易谈判代表并最终促成中国加入世界贸易组织的佐利克(后来还担任过世界银行行长),认为"中国政府,特别是朱镕基推动中国加入世贸组织是为

---

[1] 洪岩、严冰:《九届人大二次会议就国企改革和发展问题举行记者招待会》,《人民日报》1996年3月6日。

[2] Huaichuan Rui, *Globalisation, Transition and Development in China: the Case of the Coal Industry*, London: Routledge, 2004, p. 23.

[3] Nicholas Lardy, *Integrating China into the Global Economy*, Washington, D.C.: Brookings Institution Press, 2002, 转引自田野《国际制度、预算软约束与承诺可信性:中国加入WTO与国有企业改革的政治逻辑》,《教学与研究》2011年第11期。

了在中国推动更大的改革,将规则、标准和竞争引入经济体制中"。①

　　国内政府在加入世界贸易组织之前所推动的市场化其实要比加入世界贸易组织之后多。②加入世界贸易组织前,如果国内改革达不到外界预期,中国政府难以获得世界贸易组织方面的认可,进而难以加入世界贸易组织;而在加入世界贸易组织后(主要在与美国达成协议后),中国政府通过扶持大型能源国企来保障中国能源安全,而能源产业市场化则被暂缓。因此很多人认为中国在加入世界贸易组织后,并未完全遵守当初的承诺:美国贸易谈判代表查伦·巴尔舍夫斯基就认为"中国加入世贸组织帮助了中国扩大和深化内部的改革",但中国未遵守入世承诺,"由于政策原因,美国、欧洲包括日本的企业抱怨在中国做生意比以前越来越难是有很多事实根据的"。③而李侃如则认为中国中央政府很好地利用了加入世界贸易组织来深化中国内部改革(尤其是国企改革)的同时,也指出有些方面中国并没有"按照预期履行协议,因而给了中国单方面的优势"。④还有国外学者认为中国政府"试图忽略他在国际(世界贸易组织)上所作出的承诺……(中国政府)拥有和运行着诸如交通、能源、银行等关键部门……被描述为既是市场竞争者,又

---

① 赵忆宁:《我们需要与世界分享中国经验:独家专访世界银行行长佐利克》,《21世纪经济报道》2011年11月21日第29版。

② 中国虽然号称入世谈判经历了15年,但前6年对中国是不是市场经济的争论和中国经济贸易体制的审查而导致谈判进展缓慢。如果把中国复关/入世的经贸体制审查放在一边,可以看到,中国所经历的最大变革阶段(1993—2002),是申请加入世贸组织之后,到中国正式成为WTO成员国(2001年12月)。在这样一个漫长的谈判阶段,中国的外贸体制、国内产业体制,都进行了相应的大幅变革。

③ 赵忆宁:《"那是我个人的决定,事先没有告诉朱总理":专访美国前贸易谈判代表巴尔舍夫斯基》,《21世纪经济报道》2011年11月21日第25版。

④ 赵忆宁:《WTO十年:中国是更大的赢家,美国没有抓住机遇——专访前美国总统特别助理、国家安全委员会亚洲事务高级主任李侃如》,《21世纪经济报道》2011年11月21日第21版。

是裁判"。① 在中国已经加入世贸组织的情况下,世贸组织的讨价还价能力下降了。世贸组织讨价还价能力最强的时候是中国迫切希望加入世贸组织的时候,也就是 20 世纪 90 年代,当时中国为加入世贸组织,而不得不做出很多改变。在加入世贸组织后中国政府面临的世贸组织压力已经大为减轻。

(二) 国际能源市场权力结构

2003 年后,WTO、世界银行等国际组织对中国能源产业的影响变小了,而国际能源市场对中国的影响变得更大,也更具有威胁性了。

国际能源市场受制于一定的权力结构。其中某些行为体（如美国、沙特等）因为掌握更多的权力,而处于相对有利的位置。如石油价格制定权就是很重要的权力;而对国际能源资源的占有,也反映出国际能源市场的权力分配结构。

中国在国际能源市场的权力结构中处于相对不利的位置②,中国在国际能源市场上缺乏能源定价的话语权,在改革开放后很长时间内又缺乏足够的资金、能源技术和现代化管理经验,且进入国际能源市场比较晚,而早先的资源大多被先入者瓜分。2003 年后中国石油产业走出去的过程中,政府与企业形成很强的合作关系,便与当时国际石油市场资源的开发状况有关（当时世界石油资源,要么被资源国国有化,要么被国际石油公司控制,其他的所剩无几）。中国石油企业作为国际石油市场的"迟到者",只能借助国家的力量,在一些国际石油公司不敢涉足的高风险地区进行投资。

---

① Susan Ariel Aaronson, "Is China Killing the WTO?" *The International Economy*, Vol. 24, No. 1, 2010, pp. 40 – 41.
② 如国际上,OPEC 组成了石油生产国的联盟,而围绕国际能源署（IEA）组成了国际石油消费国联盟,而中国既不是 OPEC 成员,也不是 IEA 成员。

缺乏能源定价话语权一定程度上影响了中国与国际油价完全接轨的意愿。在国际石油价格定价中，中国更多是被动接受者，这导致在国际能源价格高涨或波动剧烈时，中国与国际油价完全接轨的意愿下降。1998年中国进行原油、成品油价格机制改革时，是希望与国际原油、成品油价格直接接轨的，但后来成品油价格却逐渐变为间接接轨（即由原来的国内成品油直接与国际成品油价格挂钩，改为国内成品油价格与国际原油价格挂钩，实行"原油+成本"的接轨方式）。原因之一在于国际油价波动比以前更剧烈，而中国政府想规避这种过分波动对中国的影响，因此将原油、成品油的定价由与国际市场直接接轨变为与国际市场间接接轨。中国在国际石油定价上缺乏话语权，使得中国政府意图借助行政力量来控制油价波动的风险。

中国经济的发展使中国对能源的需求越来越大，这也导致之前很多与中国在能源领域形成互补性（对方国家缺资源，不缺资金和技术，而中国当时能源资源储备相对较多，但缺少资金和开发技术）的国家，后来却变成为国际能源市场中的竞争对手（如日本）。在中国改革开放初期，日本需要稳定的海外能源供给，中国亟须开发国内能源的资金、技术和设备。于是日本向中国提供资金技术，中国利用这些资金和技术开采出能源资源后，以一部分煤炭、石油来偿还原来向日本借贷的资金。但后来当中国不缺资金而越来越缺少能源资源时，中国与日本之间的贷款换能源（煤炭/石油）项目实质上就结束了。而中国在海外寻找能源资源时，很多时候就与日本成了竞争对手。如日本曾与中国竞争对非洲石油资源：在中石油进入苏丹时，日本也对苏丹的石油表示出浓厚的兴趣。为与中国争夺非洲石油资源，日本政府不仅宣布放弃非洲等地区30亿美元的债务，还宣布5年内提供10

亿美元的无偿援助。① 2003年后，中海油收购尤尼科被美国国会否决，中日在安大线和泰纳线上的竞争，中国与印度对海外油气等资源的争夺事件，说明中国与国际力量在国际能源市场上的竞争更为激烈了。

在这种对资源的激烈竞争状况下，有的研究者甚至认为，中国政府为了鼓励能源央企走出去，提出保障能源央企在国内的政策优势地位，来消除国有石油公司的"后顾之忧"，从而可以放心进入海外市场。②

这种竞争也蔓延到对新能源产业的支持上。各国为了抢占发展新能源的制高点，也纷纷动用行政手段扶持新能源产业发展。中国风电和光伏产业就是如此。为占领新能源产业高地，中国政府在风电产业上，意图通过国家的力量，实现风电产业的赶超。这种战略意图，在相当程度上说明了中国政府为何在风电产业上采取政府主导的产业政策。③ 而为了取得具有战略性意义的新能源产业的领先地位，各主要大国纷纷利用各种手段来影响其他国家的新能源产业。如利用反倾销、反补贴的手段。美国和欧盟就曾多次对中国光伏产业进行反倾销调查，这很大程度上是欧美的新能源生产商集团游说欧美政府和国会的结果。

在国际能源权力结构中，最重要的行为体之一是跨国能源集团。这些跨国能源集团，一方面利用自身的资金、关系来影响自己国家的能源政策；另一方面也充分利用了世界银行和WTO等国际组织来达

---

① 张娥：《中日能源合作40年之竞合》，《中国石油石化》2012年第20期。
② 梁波：《中国石油产业发展范式变迁的组织社会学分析（1988—2008）》，上海大学，博士学位论文，2010年，第242—244页。亦可参见梁波《权力游戏与产业制度变迁：以中国石油产业外部合作战略转型为例（1988—2008）》，《社会》2012年第1期。
③ 吴雁飞：《中美发展可再生能源的比较分析：以风能为中心的考察》，《美国问题研究》2013年第2期。

到自己的目的。虽然我们不能说这些国际制度在能源问题上完全充当了跨国能源集团的代理人，但这些跨国能源集团确实在一定程度上利用了国际制度来达到自身的目的。

三 国际力量在中国能源产业市场化中的角色变迁

国际力量在中国能源产业变迁中的角色，经历了三个阶段的变化：一开始被国内政府部门当作"实验室"，后来被国内政府部门当作倒逼国内能源国企改革的重要力量，再后来则被国内政府部门视为威胁中国能源安全的角色。

（一）作为对比"实验室"角色的国际力量（1978—1992年）

在1978—1992年，中国政府大量利用外资来发展中国的能源产业，提高中国能源产量的产量和推动了技术的进步，这一阶段国际力量主要被国内政府部门作为能源产业市场化的"实验室"角色。如中国曾引进世界银行的资金修建鲁布革水电站，而利用世界银行的资金，就必须按照世行要求对工程进行国际招标，因此当时水利电力部就进行了国际招标。而后日本一家公司中标，中标公司开发水电的水平和进度，与之前负责该工程而进展缓慢的中国水电第十四工程局形成了鲜明的对比。后来鲁布革的经验被领导人要求在全国推广，掀起了巨大冲击，被称为"鲁布革冲击"，成为中国水电发展史上具有重大转折意义的事件。另外煤炭领域中美合资的平朔安太堡露天煤矿，也发挥了类似功能。该煤矿利用了大量的外资，使用了当时世界上最先进的技术，完全采用美方的管理方式，为当时其他煤矿提供了学习的对象。在石油领域设立中外合作方式开采中国海上石油资源的中海油公司，也有类似的意图和功效。后来中海油的很多经验也被推广，成为其他国有石油部门/石油国企学习的对象。

(二) 作为"倒逼"改革角色的国际力量 (1993—2002 年)

1993—2002 年,国际力量开始在中国能源产业中发挥更大的作用。一方面,在 20 世纪 90 年代,挟全球化大潮之势,一些国际组织利用自己手中的资金、技术等方面的优势,要求中国推动能源领域市场化;另一方面,中国政府为减少能源国企的亏损,也意图利用加入世界贸易组织等国际制度来倒逼能源国企深化改革。这一时期国际力量在中国能源产业市场化中发挥了"倒逼工具"的作用。如前面提到的世界贸易组织对中国能源产业市场化的影响,很大程度上就是起了倒逼的作用。"二战"后美国主导建立的国际制度,基本上都带有很强的自由主义色彩。在中国受国际制度影响最大的 20 世纪 90 年代,正是国际组织全力拥护新自由主义意识形态的时候,而中国国内的经济政策,也在很大程度上受此影响。

(三) 作为"安全威胁"角色的国际力量 (2003—2012 年)

2003—2012 年,国际能源价格高涨、国际能源市场竞争形势非常激烈 (2005 年美国否决中海油收购尤尼科,而中国也叫停有外资参与的山西煤矿产权拍卖等,中国也将不得不按照当初加入 WTO 的承诺在这段时间向外资开放中国成品油批发、零售市场),国际力量开始更多被国内政府部门视为竞争对手和对中国能源安全的威胁。这时国内政府部门更多地扶持能源国企,一方面可以在国内能源市场防止外资的垄断,另一方面有利于能源国企参与国际能源市场的竞争("走出去")。这一时期,在国内政府部门看来,国际力量对中国能源产业更多是"安全威胁者"的角色。国际能源市场上中国与其他国家的激烈竞争、世界银行等国际经济组织对中国的影响下降,很大程度上影响了中国能源产业市场化,减缓了中国能源产业市场化的步伐。以石油为例。这一时期,中国政府不再采取从国际市场上购买原油的方式,而是采用石油外交的方式,推动国内石油国企"走出去"

直接购买油田。这一政策转变很大程度上因为当时的领导人开始感觉到，世界石油市场对中国来说，正在变得既不安全，也不公平。2003年美国进攻伊拉克，开始让中国领导人意识到，不能只依赖中东的原油，而是要将原油进口来源分散以降低风险，以免到时候有钱却不一定能买到石油。当时中国政府还认为国际油价有受西方国家操纵的成分，因此"走出去"直接购买油田，是更能确保能源安全的选择。[①]

第四节 国内政府部门、能源国企与国际力量的互动

中国能源产业市场化的方向和进程，很大程度上是由国内政府部门、能源国企和国际力量之间互动所决定的。国内政府部门在能源方面，比较强调能源产业效益/发展和国家能源安全，而能源国企和国际力量，也往往是因为对能源产业效益和能源产业安全的影响，而对国内政府部门的市场化意愿产生影响。本书假定能源国企（作为一个整体）是不太倾向于推动能源产业市场化的，因为市场化往往会导致能源国企面临裁员、垄断力量被削弱、暴露在市场竞争中等风险；而国际力量总体上是倾向于推动中国能源产业市场化的，因为只有这样他们才会有机会进入中国能源市场。

正如本书在导言中所提及的，本书的主要假设如下：

假设1：国内政府部门在能源领域主要追求的目标是能源产业发展（效益）和能源产业安全，是在发展与安全两个目标中进行权衡。

假设2：能源国企和国际力量对中国能源产业效益和能源产业安全有重要影响，并借此而影响了国内政府部门对能源产业市场

[①] Shaofeng Chen, "Motivations Behind China's Foreign Oil Quest: A Perspective from the Chinese Government and the Oil Companies", *Journal of Chinese Political Science*, Vol. 13, No. 1, 2008, pp. 79–104.

化的态度。当能源国企效益很差,国际力量对中国能源产业助益大且安全威胁小时,国内政府部门会在能源产业的发展与安全之间选择发展;当能源国企效益很好,国际力量对中国能源产业助益小且安全威胁大时,国内政府部门会在能源产业的发展与安全之间选择安全。

假设3:当国内政府部门在能源产业的战略目标中选择发展时,中国能源产业市场化会得到大幅推进;当国内政府部门在能源产业的战略目标中选择安全时,就不那么执着于推动能源产业市场化。国内政府部门推动能源产业市场化的因素如表2-1所示。

表2-1　　　国内政府部门推动能源产业市场化的因素

	国际力量对中国能源产业助益小且安全威胁大	国际力量对中国能源产业助益大且安全威胁小
能源国企效益很差	不确定	寻求发展:推动市场化
能源国企效益很好	寻求安全:暂缓市场化	不确定

资料来源:笔者自行整理。

能源国企对国内政府部门的能源产业市场化意愿的影响很大程度跟其效益好坏、盈利能力强弱有关。如果能源国企的盈利能力很强,那么其对国内政府部门的能源产业市场化意愿和能力的影响就会较强,反之则会较弱。如果国企盈利了,它们不仅要像私企那样缴税,通常还得上缴一部分利润,有时是很大一部分利润(因为它们是国企)。这对国家财政贡献很大。盈利额度越多、上缴利润越多的国企对国家财政的贡献越大,这类国企的话语权也就越大。有时,即便国家暂时不要求这类国企上缴其利润,国家也可以在需要时直接要求这类企业上缴利润以支持国家财政。财政是国家政权稳定的重要基石,王绍光、胡鞍钢则直接把政府的财政汲取能力列为四种国家能力之首,[①] 财政入不敷出往往是政权失败的前兆。国企的盈利通常会增强国家的财政汲取能力,而国企的亏损则会严重损害国家的财政汲取能力。因为国企亏损了,不仅不能给国家财政做贡献,还会拖累政府财政（因为政府往往需要救助亏损的国企）。依赖于政府补贴的国企,不能给政府财政做贡献,这种情况下国企影响国内政府部门改革的能力自然会降低。

国际力量对国内政府部门的能源产业市场化意愿的影响主要体现在两个方面：一是国内能源工业对国际资金、技术的依赖程度。国内能源工业对国际资金、技术的依赖程度越高,则国际力量推动中国能源产业市场化的能力越强。而中国能源产业在1978—1992年以及1993—2002年对国际资金、技术的依赖程度较高。此后中国对国际资金、技术的依赖程度下降。二是国际力量对中国国内能源安全威胁程度。如果国际力量对中国国内能源安全威胁程度高,则国际力量推动中国能源产业市场化的能力会被削弱。因为国内政府部门会对国际力量更为警惕,而能源国企也可以以维护国家能源安全的名义,要求政府对国际能源资本进行一定程度的管制。

本章小结

在这一章中,本书分别介绍了国内政府部门、能源国企、国际力量与中国能源产业市场化的关系。指出国内政府部门在能源产业领域主要是努力实现发展与安全两个目标。在这一过程中,国内政府部门

[①] 王绍光、胡鞍钢将国家能力分为四种,即"汲取财政能力,宏观调控能力,合法化能力以及强制能力"。参见王绍光、胡鞍钢《中国国家能力报告》,辽宁人民出版社1993年版。

在目标的选择及实现目标的意愿和能力上,在一定程度上受到能源国企和国际力量的影响。

在接下来的三章,本书将分别利用石油、电力、煤炭作为案例,来具体分析国内政府部门、能源国企、国际力量的互动是如何影响了其产业市场化进程。需要强调的是,本书并不单纯强调理论贡献,而是同样强调对能源产业市场化本身这样一种现象进行系统的描述。

第三章　石油产业变迁

中国的石油产业市场化历程体现出国内政府部门、石油国企与国际力量三者之间的互动逻辑。如果把中国石油产业市场化放在国际背景下考察，我们可以发现石油产业经历了引进来、与世界接轨和走出去三个阶段。在引进来阶段，国内政府部门试图利用国际力量来进行初步的市场化，弥补国内石油产业在资金、技术、管理方面的不足，以保证国内石油产量的增长；在与世界接轨阶段，在石油国企陷入实质性亏损背景下，在与世界接轨的大潮下，国际力量的影响力越来越大，石油产业市场化程度进一步加深以改进石油国企的经济效益；在走出去阶段，中国国内政府部门对外资、国际制度等国际力量依赖程度下降，而且将国际力量更多视为挑战而非机会。政府一方面在国内扶植大型石油央企，提升其国际竞争力；另一方面也积极鼓励和要求石油央企"走出去"，以保障中国石油安全。

本章第一节主要描述1978年以来中国石油产业市场化的历程；第二、三、四节主要分析了石油国企、国际力量对国内政府部门（推动石油产业市场化的意愿与能力）的影响，指出三者之间的互动如何影响了中国石油产业变迁。

第一节 石油产业变迁历程

中国石油产业在改革开放初期进行了初步市场化；在 1993 年后开始进一步的市场化，虽有反复但总体上是不断市场化的；在 2003—2012 年，中国石油产业并未如一些人预期的那样继续推进市场化，而是维持了原有的行政性寡头垄断状态。

一 市场化的初步尝试（1978—1992 年）

此时国内政府部门对石油产业实行包干制度，还推动与外资合作开采中国的海上石油。改革开放初期中国在石油产量增长方面出现了较大瓶颈，国家为鼓励石油生产，开始实行原油包干政策：就是国家与石油部商定一个承包数量，油田完成承包数量后多出的油可按计划外价格出售。1980 年 12 月，时任国务院副总理康世恩，向时任国务院总理赵紫阳提出要在石油部实行 1 亿吨原油产量包干的设想。之前中央一直担心 1981 年国内石油产量能不能达到 1 亿吨。为保证石油产量不下滑，中央同意在石油部实行包干制：每年包干 1 亿吨原油产量，包五年；超出的原油可以出口并在国际市场上销售（1981 年国际油价是国内油价的 4.6 倍左右），也可以在国内以国际价格出售；超出部分原油出售得到的资金，大部分留给石油部增加勘探投资和职工福利。实行包干后，全国石油产量在 1981 年达到 10122 万吨，1985 年达到 12488 万吨。[①] 而中国石油价格，也在实行包干后变成了价格双轨制。除了包干制度的试验外，国内政府部门还建立了中海油总公司，与外资合作开采中国海上石油，取得了较好的效益，也取得

---

① "百年石油"编写组：《百年石油》，石油工业出版社 2009 年版，第 190 页。

了较好的管理经验。

二 市场化的深入（1993—2002年）

1992年后中国石油产业推行进一步的市场化，主要体现在石油定价机制和石油公司现代企业制度改革两个方面。首先是原油、成品油定价机制的重大变化。改革开放前中国的石油价格是由国家统一定价。1981年到1994年，中国的石油定价主要是双轨制。改革开放初期试验的原油包干制度，使得当时出现了计划内和计划外两种不同石油价格的双轨制。因为容易造成油价混乱，这种双轨制度在1994年被取消。1994年后中国的石油定价又回归由国家统一定价方式。1998年国家试图让国内原油、成品油与国际市场的原油、成品油价格接轨。这种接轨采用的是"挂钩联动"：国内成品油先是挂钩新加坡成品油市场，后来改为挂钩新加坡、荷兰鹿特丹和美国纽约三地成品油价格。

与此同时，中国政府还试图在石油石化行业建立现代企业制度。其中最重要的举措是改组中石油、中石化，意图使其由分别垄断上游和下游的互不竞争的行政性公司，变成上下游一体化、产销一体化、相互竞争、没有行政职能且具备健全治理结构的公司。石油定价机制和国有石油企业制度的大幅度改革，使中国的石油产业政策越来越向竞争型产业政策靠拢。

三 转向石油安全（2003—2012年）

石油国企后来并未继续推动市场化（如石油央企仍然是实质上具有行政级别的"单位"），相反，国内政府部门出于国家能源安全的考虑，采取了"安全化"的策略：将能源安全作为产业政策的核心，利用行政手段赋予石油央企竞争优势，而石油央企也利用这种政策倾斜来增加了自身的竞争优势。这体现在市场准入（成品油流通领域）、价格机制（成品油定价机制）和企业制度建设等方面。

（一）市场准入：在成品油流通领域

在入世申请的过程中，中国政府承诺在加入世界贸易组织后，将于2004年年底前向外资开放中国成品油零售市场，2006年年底前向外资开放中国国内成品油批发市场。为提前应对国际石油巨头进入中国成品油流通市场，国内政府部门在1999年和2001年对成品油批发零售市场进行整顿，但那时政府认为这种整顿是权宜之计，整顿后会推动市场化竞争。[①] 而2003年后国家出台的政策并未引入市场化竞争。商务部于2004年出台《成品油市场管理暂行办法》，分别规定了从事成品油批发和零售的企业应达到的标准。2006年商务部紧接着颁布了《成品油市场管理办法》。与2004年的暂行办法相比，2006年的办法大幅提高了成品油批发零售的市场准入门槛：按照新的标准，绝大多数民营企业和外资企业都无法具备相关条件。2004年暂行办法中第七条规定申请成品油批发经营的企业，必须达到"具有全资或控股的、库容不低于4000立方米的成品油油库"，[②] 而这一标准在2006年的办法中变为"拥有库容不低于10000立方米的成品油油库"。[③] 而且申请的企业还需具备其他标准，如应是中国企业法人、企业注册资本需在3000万元以上等，而国内除能源央企外真正符合条件的企业很少。

[①] 赵忆宁：《中国入世大角力：新型超级大国的拐点》，浙江人民出版社2013年版，第166页。

[②] 《成品油市场管理暂行办法》，商务部2004年第23号令（http://www.mofcom.gov.cn/article/b/d/200412/20041200316032.shtml）。

[③] 《成品油市场管理办法》，商务部2006年第23号令（http://www.gov.cn/gongbao/content/2007/content_772818.htm）。

(二)价格机制:成品油定价机制

中国成品油定价机制经历了如下演变:在改革开放前国内成品油价格实行的是完全的行政定价,改革开放初实行价格双轨制,在1998年后开始意图与国际油价接轨。这种接轨一开始是1998年的原油价格直接接轨,即国内原油价格与国际原油价格接轨;然后是2000年的成品油价格直接接轨,即国内成品油价格与国际成品油价格接轨;再到后来是2008年开始规定的成品油价格间接接轨法,即国内成品油价格与国际原油价格接轨,国内成品油价格等于国际原油价格加国内炼油成本。

中国在1998年实现原油价格与国际市场接轨,在2000年实现成品油价格与国际市场接轨。但2008年后国家将这种挂钩,从国内成品油价格挂钩国际成品油价格,改为国内成品油价格挂钩国际原油价格。而国内成品油的价格实际上是国际原油价格加国内炼油成本(人们常简称为原油加成本法),因此即使国内成品油价格实现了与国际原油市场价格联动,还会经常出现国内成品油价格高于国际成品油价格的局面,或是经常出现国内成品油价格低于国内原油价格(国内原油价格与国际原油价格保持一致)的局面。从挂钩国际成品油价格到挂钩国际原油价格的做法加强了行政介入,使国内的炼油成本部分无须参与国际竞争,一定程度上保障了国内油气央企的利益(在原油加成本定价方式中,成本指的是国内油企的炼油成本,相比直接与国际成品油价格挂钩,这种定价方式一定程度上保障了国内油气企业的收益)。在成品油进口数量日益增多、国内石油交易市场越来越受国际石油市场影响的背景下,国内成品油价格由直接接轨变为间接接轨,一定程度上降低了石油价格的市场化程度。[①] 国内政府部门这么做的

---

① 吕东悦:《计划体制向市场机制的过渡:解读"石油价格管理办法(试行)"》,《能源》2009年6月号,总第7期。

原因之一，是为了减少国际市场上急涨急跌的油价变动对国内经济的影响。①

（三）企业制度：企业制度建设

石油央企并未有继续推进企业制度变革。石油央企的行政级别依旧，而这段时期的诸多石油央企高管调任政府高官：如1999—2002年执掌中海油的卫留成，2003年转任海南省代省长、后任海南省省长、省委书记；2007—2011年执掌中石化的苏树林，在任中石化集团公司总经理之前，任职辽宁省委组织部长，2011年转任福建省省长；2006—2012年执掌中石油的蒋洁敏，2000—2004年任青海省委常委、副省长，2013年转任国资委主任。

石油央企在这个阶段仍可利用行政地位与中央部委或地方政府进行业务上的协调。如在中石油陕京三线管道建设过程中，河北省永清县某段迟迟无法开工，主要原因据称是中石油在管道过境费用和相关征地费用方面与永清县未谈妥。最后中石油总经理蒋洁敏邀请北京市常务副市长吉林和河北省常务副省长赵勇到钓鱼台国宾馆协商，问题最终得以解决。②

总而言之，中国石油产业变迁历程经历了改革开放初期的初步市场化，到后来通过价格机制改革和企业制度改革进行了大幅市场化，再到2003—2012年强调维护能源安全，不再只执着于推动能源市场化。

---

① 虽然最接近市场化定价的，是由国内成品油供需来决定国内成品油价格，但因为国内石油市场是寡头行政性垄断，所以这种方式也不可行。相比之下，与国际成品油价格直接接轨，已经是最市场化的方式了。认为应该制定由国内成品油供需来决定的市场价格的观点，参见林伯强主编《2010中国能源发展报告》，清华大学出版社2010年版，第135页。

② 刘成昆：《"企地"争利背后》，《能源》2011年第3期。

第二节　初步市场化阶段：引入国际力量推动石油产量增长

在改革开放初期（1978—1992年）中国强调以经济建设为中心，国内政府部门因为对国际资金技术的依赖而增强了推动市场化的意愿，不过市场化更多以不损害国有石油工业部门既有利益的方式来推进。

国家经济战略目标的转变：改革开放初期，中国开始从之前强调阶级斗争，变为强调以经济建设为中心。这种转变对石油产业的发展影响很大。此时中国的市场化努力更多是探索性的，为避免直接触动国有工业部门利益，国内政府部门更多是采取扩大企业自主权、实行利润分成和承包制等改革方式，同时利用国际资金和技术等建立对比的对象，以增强国企改革的动力。

对国际资金、技术的依赖：在改革开放初期，中国石油产业非常缺乏资金和技术。相对于陆上石油开采而言，海上石油勘探开采因为其难度大、对技术要求高增加了国内政府部门对国际资金和技术的依赖，而这种依赖也增强了国内政府部门推进海上石油勘探开采市场化的意愿。

国有石油工业部门的影响：一方面，国有石油工业部门在政治上有一定的影响力。20世纪60年代中国陆上石油开采的成功，提升了国有石油工业部门的政治地位；另一方面，改革开放初期，中央政府在财务上比较依赖国有石油工业部门，也保证了其影响力。虽然这时，国有石油部门的经营效率相比国外并不高，但因为当时国际油价比国内油价高不少（这时中国发现的绝大部分油井比较容易开采，开采成本低），为国家赚取了不少外汇。而1983年成立的中石化总公司，也被中央政府部门寄予"缓解国家财政困难"的厚望。1984年中央拟定之后6年内国家要投资300亿元进行建设和改造，中石化要给国家上缴900亿元税收，1990年当年要达到给国家上缴利税200亿元。时任中石化总公司董事长的李人俊表示："党中央、国务院对石化工业寄予很大的希望，要求我们为缓解国家财政困难'雪中送炭'，为发展国民经济与积累资金多做贡献，到1990年实现税利200亿元。"① 这说明当时中央政府确实对石油石化国企存在较大依赖，使得石油石化国企比其他企业更容易影响政府决策。李人俊曾表示，当时中石化造出来的石化产品如塑料、化纤等竞争不过进口产品，而中石化便通过国家制定政策限制了同类产品的进口。②

中央决策层经常使用对比试验，来分析政策效果。如"特区"制度就是一种对比试验，对比有特区政策的地区和没有特区政策地区发展的差异，来确定特区政策的效果。再如国家设立外资企业或中外合作企业，与国企进行比较，树立一个人为的"实验室"。在石油产业方面，国务院在1982年成立中海油总公司（当时由石油工业部管理，1988年石油工业部撤销后，直接由国务院管理），并给其非常大的权限，一开始就让中海油与国际接轨，若干年后，比较中海油与传统国有石油工业部门的绩效，即是同理。一位国务院主要领导在1995年4月曾说："（当初）在石油部体制改革时，我主张建立两个公司，一个管陆上，一个管海上，比较一下，现在看效果是好的。"③ 中海油走出了一条高效、市场化之路，这个实验产生了很好的对比效果。

---

① 中国石油化工集团公司办公厅编：《李人俊与中国石化工业》，中国石化出版社2000年版，第155页。
② 中国石油化工集团公司办公厅编：《李人俊与中国石化工业》，中国石化出版社2000年版，第241页。
③ 严绪朝主编：《中国石油大重组：面对市场的机遇和挑战》，石油工业出版社1998年版，第21页。

一 作为对比"实验室"的中海油

1979 年中国海上石油勘探发生重大事故,中国政府意识到海上勘探的风险和对技术的高要求,进而推动了中国海上石油勘探与外资的合作。① 当时"渤海 2 号"钻井船出现翻沉,因造成 72 人死亡及国家重大财产损失而轰动一时。当时的石油部部长宋振明因此被解除职务,主管石油工业的副总理康世恩被给予行政记大过处分(2 年后,国务院撤销了对康世恩的处分通知)。② 1981 年 7 月 24 日中共中央书记处听取康世恩的汇报,康世恩提出三条建议,其中两条是向外资开放中国海上石油开发、利用国外贷款等方式引进先进技术和设备,被中共中央书记处接受。③

1982 年国务院发布了《中华人民共和国对外合作开采海洋石油资源条例》,并于当年进行了第一轮海上石油勘探开采国际招标。1982—1994 年,中国海上石油工业吸引了 38 亿美元的外商投资,占这段时间中国海上石油勘探总投资的 61%。④

负责与外企合作开发海上石油的中海油公司,成为中国石油行业市场化的急先锋。卫留成在任中海油副总经理时曾表示:中央政府给予中海油的政策,使得中海油"基本上形成了国家宏观控制下的符合国际惯例的、市场经济的小环境,可以说,在 10 年以前(笔者按:

---

① 中国在 1978—1979 年想把美国等外资吸引到南海开发中,也有一定的国际战略意图在里边。当时中国与越南因为领土纠纷而关系紧张,而那时越南又与苏联结盟了,因此中国想把美国引入南中国海,意图获得美国的支持。参见 Kenneth Lieberthal and Michel Oksenberg,*Policy aking in China*:*Leaders*,*Structures*,*and Processes*,Princeton:Princeton University Press,1988,pp. 266 - 267.

② "百年石油"编写组:《百年石油》,石油工业出版社 2009 年版,第 184—185 页。

③ "百年石油"编写组:《百年石油》,石油工业出版社 2009 年版,第 189 页。

④ 卫留成:《我国海洋石油工业改革与发展的若干问题思考》,《石油企业管理》1995 年第 1 期。

此处 10 年前指的是 1985 年），海洋石油（公司）就基本具备了转换企业经营机制条例规定的十四条权力，并且很早就实行了与 1993 年公布的'两则'① 相类似的财务制度"。② 中海油在管理制度上已与国际高度接轨，如实行真正的甲乙方管理制度，将社会服务推向市场，在 1994 年已开始实行全面的企业合同制（所有新进人员均按照先试用期、后短聘期、最后长聘期的方式聘用）。曾任中海油总经理的钟一鸣（1985—1992 年任中海油总经理）主张"破除'石油世家'的观念，坚决停办石油技工学校，让员工子女自谋出路，以减轻海洋石油年年培训、年年进人的压力"。③ 这些措施虽遭到员工反对，但仍然执行下去了，这也使得中海油总公司成立十多年后，员工人数反而比当初更为精减。

按照国务院原总理李鹏的说法，自 20 世纪 80 年代中国与外资合作共同开发海上石油资源以来，"中国海洋石油天然气事业在与国外合作中，学到了技术，积累了经验，逐步成长起来，并且按照国际通行的现代企业制度，建立起自己的海上油气企业，走上了良性循环的发展道路"。④

二 中海油经验的推广：以塔里木石油会战为例

在中海油的影响下，石油工业部（中石油总公司）原来的行政管理型体制也进行了不少市场化的尝试。如塔里木石油会战中实行的一些新机制就是如此。在塔里木石油会战的准备期，当时的石油部部长

---

① "两则"指的是财政部 1992 颁布、1993 年实行的，用来规范企业财务制度的《企业财务通则》和《企业会计准则》。
② 卫留成：《我国海洋石油工业改革与发展的若干问题思考》，《石油企业管理》1995 年第 1 期。
③ "百年石油"编写组：《百年石油》，石油工业出版社 2009 年版，第 203 页。
④ 李鹏：《中国的能源政策》，《求是》1997 年第 11 期。

王涛就说："计划经济体制下的会战模式不能适应塔里木油气勘探开发，我们打算六上（笔者按：之前石油部在塔里木盆地进行过五次勘探，均没有获得成功）塔里木而不搞'大而全，小而全'（笔者按：指的是石油企业集生产、生活、教育、医疗于一体的模式），建立新体制进行试点。"① 时任新疆维吾尔自治区党委书记宋汉良也表示，1984 年前在新疆塔里木盆地进行油气勘探开发的历次会战，耗资巨大却没能成功，也说明了"传统模式会战在塔里木已经走到了尽头"。② 石油工业部（中石油总公司）也试图进行改革。③

石油工业部（中石油总公司）当时希望借鉴中海油的经验，提出建设"两高两新"（高水平、高效益、新体制、新技术）体制。如在塔里木石油勘探开发期，中石油总公司在塔里木实行生产管理体制上的"甲乙方合同制"，就是借鉴中海油的做法。中海油在成立初期，缺资金、缺技术，只好将各种技术和服务面向国际石油公司进行招标，双方合作开发。国际石油公司成熟的市场经济运行模式也被带至中海油。而当时的中石油依然是计划经济下的"大而全，小而全"，不仅拥有自己的钻井队，而且自己建设整套后勤队伍乃至医疗、教育等设施。而当时的国际石油公司，不仅不会自建医疗和教育部门，连后勤部门也是外包的，当时的国际石油公司已在将钻井任务外包，通过对外招标，寻找性价比最高或者最适合自己的钻井队，从而大幅度提升运营效率。中石油总公司也尝试进行这样的改革，将塔里木油田开发作为改革试点。1986 年石油部成立南疆石油勘探公司（简称"南勘公

---

① 王涛：《征战死亡之海：塔里木盆地石油会战》，中共党史出版社 2013 年版，第 37 页。

② 王涛：《征战死亡之海：塔里木盆地石油会战》，中共党史出版社 2013 年版，第 37 页。

③ 石油工业部于 1988 年转为企业，变成中石油总公司。

司"），只给71人的编制，不让建钻井队、测试队和运输队，就是为了精简机构和人员、提升效率，将可以外包的业务都以招标的方式完成。

一开始这种改革因为与石油行业从业人员的既有观念冲突，而实行得不太好，但最终还是取得了进展。如当时南勘公司就塔里木油田勘探钻井施工队伍对外进行招标，石油部规定只要是国内的油田都可以参与投标。1986年7月，塔里木库南一井招标，这是当时国内第一口将钻井业务对外招标的探井，当时石油部担心无人投标，于是规定国内6个油田必须投标，然后有5个油田投了标。但这些油田不仅制定了很高的钻井日费（每日费用）标准，而且表示"他们的方针是：积极投标，争取不中"。[1] 这时，在石油部的要求下，新疆石油管理局要求南疆石油勘探指挥部派出钻井队，与南勘公司进行招标议价，最终双方经过反复谈判后签订了协议。之后四川油田和中原油田也分别以投标的方式进入了塔里木。这种方式虽有进展，但仍有很多阻力，如有领导说"这个合同那个合同，干脆党委负责，局长带队，不然事情干不成"。[2] 虽有不少人反对，然中标的也还是石油部属下的其他油田，但毕竟还是迈出了有意义的一步。

总之，在这一阶段国内政府部门为了扩大国内石油产量，亟须引进资金、技术和管理经验，而国家在这些方面也借助了国际力量。本节以中海油为例介绍了中国政府如何利用中海油对外合作，一方面增加了中国石油产量，另一方面通过引入先进的技术和管理，引导其他能源国企/国有能源工业部门（如上文提到的中海油经验对塔里木石油会战的影响）进行改革。

---

[1] 王涛：《征战死亡之海：塔里木盆地石油会战》，中共党史出版社2013年版，第65页。

[2] 王涛：《征战死亡之海：塔里木盆地石油会战》，中共党史出版社2013年版，第67—68页。

第三节　石油国企困境、国际力量倒逼与石油产业市场化的深入

在1993—2002年，在建设社会主义市场经济的大背景下，一方面，全球化以及中国石油国企的低效，增强了国内政府部门推动石油产业市场化的意愿；另一方面，国内领导人利用加入世界贸易组织来倒逼石油国企改革，增强了国内政府部门推动石油产业市场化的能力。这段时间是中国石油产业市场化加速期，发生了一系列重大变革：如改组中石油、中石化；在石油国企建立现代企业制度；改革石油定价机制，与国际油价接轨等，总体上市场化程度大幅提升。

一　国家经济战略目标的深化与石油产业的发展导向

此时中国国家经济战略目标已深化为"建设社会主义市场经济体制"，这极大地影响了当时中国石油产业市场化进程。国企效益较低以及面临的国际环境（如中国在1986年申请恢复关贸总协定成员国地位，但因当时中国不是市场经济体制而连最初步的审查都难以通过）增强了中国政府建设社会主义市场经济的意愿；而建设社会主义市场经济体制方针的提出，又推动了包括石油国企改革在内的能源产业市场化。效益成为这个阶段石油产业被提及最频繁的词汇之一。如中石化原董事长李人俊于1993年12月指出，"现在我们国有企业最根本的问题就是效益低，给国家带来一系列困难"。[1] 所以此时中国政府对石油产业的要求是提升效益、推动产业发展。

---

[1] 中国石油化工集团公司办公厅编：《李人俊与中国石化工业》，中国石化出版社2000年版，第263页。

二　石油国企效益困境、全球化与政府部门推行市场化意愿的增强

石油国企效益的低下以及当时国际石油市场竞争国内化的趋势，增强了国内政府部门推进石油产业市场化的意愿。

（一）石油国企效益困境

1992年后中国石油工业开始股份制公司试点。1993年上海石化股份有限公司在香港上市，1994年镇海炼化股份公司也在香港挂牌上市。[①] 1993年中石化下属的上海金山石油石化公司，经过改制后在A股整体上市，筹集资金20余亿元。1996年中石油总公司推动胜利油田下属的大明集团股份有限公司改制上市，上市后扭转了主业务亏损。

此外国家还要求石油工业尽快建立"油公司"体制，改革之前"大而全、小而全"的体制，思路是"油公司"（即只保留勘探开发最核心业务的公司）集中统一，专业公司（即油田技术服务公司，如钻井公司等）相对独立，基地系统（后勤系统）逐步分离。

不过上述改革的进展有限，与同期国际石油产业相比，中国石油产业在资产利润率、管理经营成本、人工成本、固定资产建设投资成本、原油生产成本、原油加工成本等方面大幅落后。在资产利润率方面，1998年中石油与中石化的资产利润率都不到1%，而外资石油巨头的资产利润率为8%左右（实际上中石油中石化是亏损的，只不过通过一些财务手法未让亏损显现出来）。在管理经营成本方面，1998年中石化集团在创造同等利润情况下，管理经营成本是国际石油公司的八九倍。[②] 在人工成本方面，1998年中石化人工费用占总成本比例

[①] 姜玉春、蔡军田主编：《中国石油通史：卷四》，中国石化出版社2003年版，第276页。

[②] 余永定、郑秉文主编：《中国"入世"的研究报告：进入WTO的中国产业》，社会科学文献出版社2000年版，第286—295页。

是国际水平的两倍左右（国外为 5%，中石化为 9.2%），而中国炼厂的平均每人每年加工原油量只有国际平均水平的 1/40 左右。在固定资产建设投资方面，国外建设相同项目要比中石化的成本低 20%—30%。[1] 在原油生产成本方面，中国"油气发现和开采成本已经大大超过……国际石油公司的成本水平，而且呈继续攀升的势头"。[2] 1998 年中石油集团公司原油平均生产成本为 11.3 美元/桶，而 1995 年时美国"最大的 11 家石油公司平均油气成本为 8.51 美元/桶"。[3] 1998 年中石化集团公司国内每桶原油生产成本为 12—13 美元，而雪佛龙在 1997 年的每桶原油生产成本只有 5.68 美元，中东地区更是只有 2—3 美元。1998 年中国进口原油的到岸价格，已经低于中石化原油平均生产成本价格，即便中石化生产的原油以成本价出售，依然竞争不过进口原油。[4] 在原油加工成本方面，1998 年中石油集团公司平均吨油加工费用为 231 元，而国外大石油公司只要 155 元。在当时国内成品油价格是国际成品油价格将近两倍的情况下，1998 中石油集团的炼油业务还是出现了严重亏损[5]（这还是在国家对成品油进行了严格的非关税壁垒保护情况下出现的，否则国内成品油加工业的亏损会更多）。

---

[1] 余永定、郑秉文主编：《中国"入世"的研究报告：进入 WTO 的中国产业》，社会科学文献出版社 2000 年版，第 282—283 页。

[2] 张海韵主编：《大聚变：98 中国石油石化大重组纪实》，经济日报出版社 1998 年版，第 126 页。

[3] 张海韵主编：《走向改革前沿：99 中国石油石化重组与改制参考》，石油工业出版社 1999 年版，第 141 页。

[4] 这段时间国际国内油价比发生了巨大变化，1981 年时国际油价是国内油价的 4.6 倍，因为那时国内采油成本低。而后国内采油难度越来越大、成本越来越高。参见余永定、郑秉文主编《中国"入世"的研究报告：进入 WTO 的中国产业》，社会科学文献出版社 2000 年版，第 300—301 页。

[5] 张海韵主编：《走向改革前沿：99 中国石油石化重组与改制参考》，石油工业出版社 1999 年版，第 143 页。

(二) 全球化给中国石油国企带来重大压力

此时全球化主要从两个方面给中国石油国企带来重大压力：一是国际石油企业间的并购潮；二是国际石油市场竞争国内化趋势。当时有人形容说，如果世界石油市场打喷嚏，那么中国国内石油市场就可能感冒。

1. 石油企业合并潮

20世纪90年代末期，世界上出现了一波大企业兼并潮，而且很多是跨国兼并。如1996年全球能源工业的并购有1000多起；到1998年，先是英荷壳牌与雪佛龙公司重组，后是英国BP与美国阿莫科重组，跨国兼并成为这一时期常见的现象。国内石油石化行业自身效益低、国际竞争力差，将来是否存在被跨国石油巨头兼并的风险？

当时中国石油行业是上下游分割的（中石油负责上游，中石化负责下游），但国际上著名的大石油公司基本是上下游一体化的（公司既有勘探开采部门，也有炼化部门），以减少油价波动给公司盈利带来的影响。而国内政府部门这时开始考虑学习上下游一体化模式。

2. 国际竞争国内化

1993年后中国成为石油净进口国后，国内认为随着中国石油消费的大幅增长，中国将不得不从国际市场上进口更多的石油，从而不得不进一步放开国内石油市场；而消费者面对进口原油/成品油则有了更多的选择，国内石油企业若不主动变革，很有可能会在与进口成品油/原油的竞争中败下阵来。"90年代以来两次因进口引起国产原油和成品油的积压，就足以说明问题。如果国内企业继续靠保护性垄断生存，缺乏竞争意识和能力，那么国内企业将没有能力抵御外来竞争。"[①]

1998年国际油价陷入低谷（比国内油价还低），国内出现大量走

[①] 严绪朝主编：《中国石油大重组：面对市场的机遇和挑战》，石油工业出版社1998年版，第57页。

私成品油（据估计1997年走私到中国的柴油有820万吨，而1997中国进口成品油——包括柴油、燃料油、汽油等——总共才2379万吨），而参与走私的不仅有个人，还有公检法、党政军部门的下属单位。尽管国家严厉打击成品油走私，但效果并不明显。走私成品油的价格比国内炼油厂出的成品油低，使得中石油、中石化陷入亏损，严重威胁了国内石油石化行业的生存。[①] 除了成品油，石油国企在原油生产方面也面临严峻挑战。1998年国内在价格方面最有竞争力的大庆原油国内售价为829元/吨，若出口则需降至811元/吨的国际价格。

因为中国国内的石油资源不能满足国内的消费需求，因此国内的石油企业不可避免地要走出去，去其他国家寻找资源。若石油石化国企还是之前那种完全行政主导的、"大而全、小而全"的状态，将难以与国际石油巨头竞争。

恰如中石油集团公司总经理马富才1999年在一次内部讲话报告中所指出的，此时中石油集团公司（中国石油产业）面临着三大严重挑战："一是世界石油市场疲软，集团公司的效益受到严重影响……二是国际石油界正掀起新一轮兼并和重组浪潮，集团公司面临着巨大的竞争压力……三是我国即将加入世界贸易组织，国内石油和化工产品市场即将面临来自国外更直接、更激烈的冲击。"[②]

三 国际制度与政府部门推行市场化能力的增强

中国政府利用了加入世界贸易组织来倒逼国内石油国企改革。中

[①] 田春荣：《1998年中国石油进出口贸易状况分析》，《国际石油经济》1999年第2期。

[②] 《国企震撼》编委会编：《国企震撼：中国石油重组与上市实录》，石油工业出版社2001年版，第11—13页。

国为了入世必须开放很多产业，石油产业也不例外。石油国企意识到若不自我主动变革，入世过渡期结束后，它们也竞争不过进入中国的跨国石油巨头时，政府也救不了他们。

1992年7月，中石化总公司原董事长李人俊提到中国争取恢复关贸总协定缔约国地位对中国石化行业的影响：他指出中国一旦成功恢复关贸总协定缔约国地位，中国很多产品要降低50%—80%幅度的关税，"这样进口的化工产品其售价在缴纳税后的价格，比国内售价还低，这就严峻地向我们提出挑战"。[1] 当时国内石化产品价格大部分已接近国际价格，还有一部分超过了国际价格，但质量比不上国外产品。李人俊认为中国早晚会加入关贸总协定，若中石化公司不能主动寻求变革，过几年便会面临生存问题。[2]

中国在加入世界贸易组织的过程中承诺，中国将取消石油石化行业非关税壁垒、减让关税，放开成品油流通市场准入。汽油和燃料重油关税都会降低，成品油进口配额限制将被取消，成品油批发零售市场也会被放开。[3] 当时国内石油企业主要担心：（1）取消配额制度会加剧国内本就存在的石油石化产品供过于求的现状，从而进一步威胁石油国企的经济效益。（2）中国给予外国公司贸易权和分销权则可能使国内成品油流通市场被具有资金、品牌和经营管理优势的外资所占领，若中石油中石化的成品油销量因此而降低会严重影响其炼油产业的经营。（3）加入世界贸易组织会导致公司高级专业人才流失，因为国际石油公司激励机制更完善。（4）加入世界贸易组织后国际

---

[1] 中国石油化工集团公司办公厅编：《李人俊与中国石化工业》，中国石化出版社2000年版，第247页。

[2] 中国石油化工集团公司办公厅编：《李人俊与中国石化工业》，中国石化出版社2000年版，第249—254页。

[3] 李毅中：《大力提升成品油市场竞争力》，载《中国石油化工集团公司年鉴》，中国石化出版社2001年版，第9页。

石油公司可能不再转让其最新技术，而是直接以低成本的产品打入中国市场，国内石油企业更难获取外方技术；之前国内的石油技术设备很多是仿制国外的，加入世界贸易组织后根据相关知识产权规定，中国要么为仿制设备交专利费，要么自行研发新设备，这对国内的研发创新是一大挑战。（5）国外石油技术服务队伍也会冲击国内已过剩的油田服务队伍，因为国外石油技术服务队伍管理水平和技术设备都更为先进。总的来说，1998年时中石油中石化已经是亏损或者是潜亏（即实际亏损，但通过财务手段使亏损不在财务核算中表现出来），若依照加入世界贸易组织后相关要求计算会出现更大亏损。[①] 恰如对外经贸部研究院一份有关入世对中国石油石化行业影响的调研报告所言：入世不仅会导致石油石化产品税率减让，而且会导致"国内成品油生产、销售将受到跨国公司的巨大压力"。[②] 当时另一份报告指出，入世将会导致中国石油炼化销售企业亏损更严重，"预计将有40%—50%的市县石油公司2年内会陷入破产的境地"。[③] 为此国内石油国企也不得不推行大幅度的市场化，以应对入世的挑战。

2001年吴邦国在参加上海宝钢集团联合重组经验座谈会上指出："大公司和企业集团要在激烈的市场竞争中成为强者，以更加积极的姿态迎接加入世界贸易组织和经济全球化的挑战，参与国际竞争，必须瞄准世界一流企业，找差距、定目标"。然后吴邦国对比了中石油与埃克森公司，指出中石油"资产是埃克森的66%，销售收入是32%，而净利润和人均净利润仅分别为1.7%和0.21%。这么一比就

[①] 余永定、郑秉文主编：《中国"入世"的研究报告：进入WTO的中国产业》，社会科学文献出版社2000年版，第286—297页。

[②] 童丽霞、郝冠斌、林娜：《加入世贸组织对中国石化行业的影响》，外经贸部研究院，参见商务部网站（http://www.mofcom.gov.cn/aarticle/s/200209/20020900040928.html）。

[③] 张海韵主编：《走向改革前沿：99中国石油石化重组与改制参考》，石油工业出版社1999年版，第145页。

坐不住了，所以要下决心深化改革，加强管理，以增强国际竞争能力"。① 当时中央让石油国企减员增效，中石油减掉26万人，引起很多人的不满和反对。很多油田（如大庆油田、吉林油田）发生了群体性事件，多是缘于被裁减的人因石油国企改革而下岗。当时对到一定工龄的石油工人实行"买断"：一般是按工龄，如一年工龄算3000或者5000元，一般30年工龄的，可以拿到10多万买断钱。很多人不愿意被"买断"，油田负责处理工人下岗事务的人表示：现在买断还有钱可拿，等到时竞争上岗，如果你没竞争上，可是一分钱也拿不到。有人质问为什么要竞争上岗，负责改革的人表示："如果不这么做，怎么跟那些国际上的大公司竞争。"吴邦国就曾说："中石油上市前有150万人，大庆油田就有28万人，而埃克森公司全球只有12万人。你不减人，怎么同人家去竞争。"② 1999年5月中石油集团公司重组与上市筹备组全体成员开会，会上指出中国"即将加入世贸组织，迫使我们（中石油集团公司）转变经营机制，进入世界资本市场，参与世界市场竞争"。③ 加入世界贸易组织之后国内产业面临的竞争，成为决策者倒逼国内改革的重要武器。

四 国内政府行为：推动大幅度的市场化

国内政府部门很好地利用加入世界贸易组织和经济全球化的压力，推动了石油石化国企的大幅市场化改革，主要体现在两个方面：

---

① 吴邦国：《吴邦国副总理在上海宝钢集团联合重组经验座谈会上的讲话》，《中国经贸导刊》2001年第12期。
② 吴邦国：《吴邦国副总理在上海宝钢集团联合重组经验座谈会上的讲话》，《中国经贸导刊》2001年第12期。
③ 《国企震撼》编委会编：《国企震撼：中国石油重组与上市实录》，石油工业出版社2001年版，第75页。

一是重组和改制中石油、中石化，二是改革国内石油定价机制，与国际市场油价接轨。在建立现代企业制度方面，国内政府部门一方面在中石油、中石化建立现代公司制，完善公司治理结构；另一方面通过两个公司间的资产互换，推动企业上下游一体化，从而强化二者之间的竞争。

（一）建立现代企业制度

1998年中石油中石化重组改制是石油化工行业的重大变革。时任中石油总经理的马富才认为："这是一次脱胎换骨的大变革……是一场在关键时刻进行的关键改革，力度之大，范围之广，影响之远，都创造了中国石油史上的新纪录。"[1]

自改革开放后到1998年前，中国石油产业的产业特征体现为专业化分割垄断："上下游分割，内外贸分治、海陆分家。"上下游分割指的是中石油和中海油垄断了石油的上游生产领域，而中石化则垄断了中国石油业的下游炼化领域；内外贸分治指的是石油外贸专营权归中化公司；海陆分家指的是中石油垄断了陆上石油勘探开采，而海上石油的勘探开采专营权归中海油。

1998年中国开始了对国有石油工业企业大刀阔斧的改革，试图对政企合一的石油石化国企进行现代公司制的改造。改革的步骤如下：1. 国家经贸委接收石油央企的行政职能。在国家经贸委下设国家石油和化学工业局，接收中石油、中石化承担的政府职能。2. 打破中石油垄断上游，中石化垄断下游的分割局面，重新组合，使中石油和中石化在上下游都有产业，从而希望二者能在上下游展开竞争。当时提出的原则是："各有侧重、相互交叉、保持优势、有序竞争"，最终实现上下游一体化、内外贸一体化、产销一体化。并明确了中石

---

[1] "百年石油"编写组：《百年石油》，石油工业出版社2009年版，第306页。

油中石化"不再承担政府职能,成为自主经营、自负盈亏、自我发展、自我约束的法人实体"。后来,中石油与中石化就石油公司、炼油厂、加油站等资产、人员的归属进行了划分和移交。其中,中石油的主要经营范围在西北、东北、川渝,而中石化的主要经营范围在京津冀、除川渝外的南方各省等。

重组后,中石油集团和中石化集团进行了一系列的股份制、公司制改造,并先后抽出一部分资产在纽约、香港上市。[①] 如中石化总公司改制为集团公司后,将优质的核心资产上市(上市的部分是中石化股份公司)。在2002年时,中石化股份公司的股权结构中,"中国石化集团持股55.06%,银行和国有资产管理公司持股22.36%,外资持股19.35%,国内公众持股3.23%"。[②] 这其中的外资主要是中石化在H股上市时,被中石化作为战略投资者引入的国际石油公司,如BP、壳牌、埃克森等。

1998年集团公司制改组后,原来纵向分割的局面被纵向一体化所打破。中石油取得了中石化一部分资产和石油加工领域进入权,而中石化也获得了中石油的一部分油田和石油生产领域进入权。1998年后中石油和中石化各自在石油生产领域和石油加工领域的绝对比重下降,中石油在原油生产领域的比重从1997年的89%下降到2005年的65%,中石化在原油加工领域的比重从1997年的81%下降到2005年的66%。[③] 在原来的纵向分割垄断的局面下,中石油、中石化、中海油固守各自地盘,相互间很少发生交集,更难形成竞争关系。中央

[①] 梁波:《中国石油产业发展范式变迁的组织社会学分析》,上海大学,博士学位论文,2010年。

[②] 李毅中:《健全公司治理结构是核心》,《中国石油化工集团公司年鉴:2003》,中国石化出版社2003年版,第3页。

[③] 王丹:《中国石油产业发展路径:寡占竞争与规制》,中国社会科学出版社2007年版,第30页。

决策者希望在改制重组后，能促进两大石油集团展开良性竞争。

（二）油价与国际接轨

1998年国内推行与国际接轨的油价形成机制，与当时的国际环境有关。时任中石化总经理的李毅中后来分析说，"国内石油、石化企业要进入国际市场，就必须遵循国际惯例运作，而且，'入世'在即，我国也将逐步开放国内成品油零售和批发市场，油价接轨势在必行"[①]。刚开始时，只是国内原油价格与新加坡原油市场同类油种离岸价接轨，而国内成品油价格并未与国际成品油价格直接接轨，而只是不定期调整。到2000年6月国内成品油价格也开始与国际市场接轨（这时原油和成品油都是按照国际市场价格逐月调整）。当时中石化等石油央企正在谋求海外上市，按李毅中的说法："石油价格的市场形成机制，是中国石化境外上市成功必要的前提条件。它把石油、石化企业真正推向了市场，使油价涨落的市场信号和竞争压力及时传递到企业，促进企业加强管理、降低成本、提高质量。"[②]

总而言之，在1993—2002年，在建设社会主义市场经济的大背景下，一方面是全球化（国际石油企业合并潮、石油产业国际竞争国内化趋势）对中国石油产业产生了越来越大的竞争压力，另一方面，中国石油国企效益低下，使得国内领导人主动利用加入世界贸易组织，倒逼国内石油产业市场化（如在石油行业建立现代企业制度、油价与国际接轨等），而中国石油产业政策也进一步向自由竞争为主的产业政策靠拢。

[①] 李毅中：《继续完善成品油价格市场机制》，载《中国石油化工集团公司年鉴》，中国石化出版社2001年版，第7页。亦可参见李毅中《继续完善成品油价格市场机制》，《人民日报》2001年6月8日。

[②] 李毅中：《继续完善成品油价格市场机制》，载《中国石油化工集团公司年鉴》，中国石化出版社2001年版，第8页。

第四节 国际竞争、石油安全与
石油产业的安全转向

2003—2012年,在中国石油产业方面,国内政府部门之前一直推动的市场化并未继续深入,相反为保障石油安全,在不少领域政府的介入加深了。从国际—国内互动的角度看,这种现象主要因为:一方面中国对国际石油资本、技术的依赖程度降低,另一方面,国际石油资本对中国石油安全造成的威胁却越来越大。为维护中国石油产业安全,国内政府部门与改革后效益大幅提升的石油央企形成更紧密的合作和相互依赖关系:国内政府部门保障石油央企的地位,而石油央企则服从政府部门维护国家能源安全的要求——如执行国家的石油定价政策、控制国家的石油流通领域(以免被外资控制)、"走出去"以拓展海外油气资源等。这一政策,一方面在相当程度上保障了中国的油气安全,另一方面也在一定程度上减缓了原有的市场化进程。

一 国家经济战略目标的进一步深化与石油产业的安全转向

此时社会主义市场经济体制已初步建立,国家开始把重心转向完善市场经济体制,如改革国资管理体制和目标,在很大程度上影响了石油产业变迁。国资委监管下的国有企业,面临着防止国有资产流失、实现其保值增值的压力。因而,国有企业更倾向于利用行政垄断、金融扶持等政策优势,来获得资产的保值增值。

二 国际力量角色变化与政府部门推行市场化意愿的减退

国际力量的变化主要体现在两方面:一是国内政府部门对国际石

油产业的资金和技术的依赖程度下降；二是国际石油资本对中国石油安全的威胁程度上升。

（一）对国际资金、技术依赖程度的降低

中国石油产业已经通过海外上市以及A股上市筹集了大量资金。另外，经过之前与外资石油企业合作，以及自身的技术进步，中国石油企业在技术方面与国外的差距迅速缩小。

（二）国际力量对中国石油安全的威胁上升

中国石油安全问题越来越严重。在石油价格方面，2003年后国际能源价格结束了20世纪90年代的低价而一路上扬，中国获取能源的成本在不断上升。在中国对外部石油的依赖程度方面，中国对外石油依存度自1993年以来一直在加深，在1999年以前还处在较低水平，而在2005年已接近50%（见图3-1）。在石油获取通道方面，当时中国石油进口的4/5都要经过马六甲海峡，这严重威胁了中国能源运输安全。在国际政治环境方面，"9·11"事件和美国攻打伊拉克加剧了中国对能源安全的忧虑。"9·11"事件后，中国担心美国借反恐增强在中亚和阿富汗的军事实力，进而威胁中国获取中亚石油资源的安全。中国政府内部很多人认为，美国在2003年攻打伊拉克是想控制伊拉克的石油资源，并进一步增强美国在中东的影响力。而中东则是当时中国主要原油进口来源地，美国的中东战略使中国政府担心能否持久稳定地获取中东石油资源。

中国与其他国家围绕油气资源展开了激烈的竞争。如2003年中国与日本围绕俄罗斯东西伯利亚原油展开了激烈的竞争（安大线与泰纳线之争）[①]，2004年、2005年中国石油国企与印度石油天然气公司

[①] 参见查道炯《中国石油安全的国际政治经济学分析》，当代世界出版社2005年版，第八章。

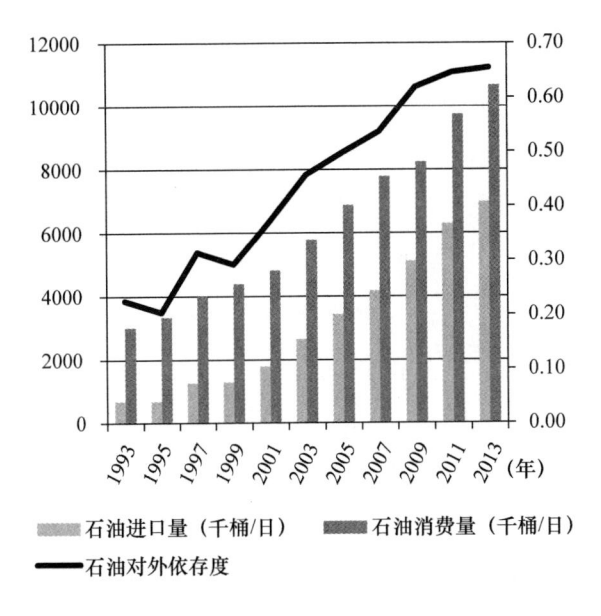

图 3-1 1993—2013 年中国石油对外依存度变化

资料来源：BP，BP Statistical Review of World Energy-all data 1965–2019.

在安哥拉、哈萨克斯坦、尼日利亚为竞争石油资源也发生了激烈的摩擦。①

中国政府开始将保障"能源安全"作为能源产业政策的重要战略目标，"能源安全"日益成为领导人议事日程上最重要的问题之一。虽然之前中国领导人意识到能源供应短缺可能威胁国家安全，但将其提升至最优先考虑的议事日程是在 2003 年后。2003 年 11 月胡锦涛在中央经济工作会议上，"首次将金融和石油定义为两项至关重要的经济安全议题"。② 2005 年中国成立国家能源领导小组，由温家宝任组

---

① 孔博：《解读中国国际石油政策》，裴文斌等译，石油工业出版社 2012 年版，第 128 页。

② 孔博：《解读中国国际石油政策》，裴文斌等译，石油工业出版社 2012 年版，第 125 页。同时可以参见石洪涛《中国的"马六甲"困局》，《中国青年报》2004 年 6 月 13 日。

长，这是中国在能源议题方面第一个由现任总理直接领导的小组（之前只有 1980 年成立的国家能源委由国务院副总理余秋里兼任主任，此后便很少有如此高级别的官员担任能源专门组织方面的领导）。这说明当时的能源问题，不仅已引起温家宝等中央领导人的高度重视，而且他们为此做出了重要的战略应对举措。温家宝总理在 2004 年和 2005 年就多次表示："石油天然气是重要的战略资源，关系到经济发展、社会稳定、国家安全和全面建设小康社会目标的顺利实现"，[①]"油气资源是关系到我国现代化建设全局和国家安全的重要战略资源"，[②]"能源问题是关系我国经济发展、社会稳定和国家安全的重大战略问题"。[③]

2006 年 12 月 5 日，国资委发布《关于推进国有资本调整和国有企业重组的指导意见》，指出要"推动国有资本向重要行业和关键领域集中，增强国有经济控制力"，随后，12 月 18 日，国资委主任李荣融指出，按照国资委的部署，国有经济应对石油石化等七大行业保持绝对控制力。[④]

三 石油央企效益提升及在维护国家石油安全中的地位提升

此时石油央企的地位得到很大的提升，一是因为其利润额度在这

[①] 2004 年 6 月 25 日温家宝在听取中国工程院关于中国可持续发展油气资源战略研究汇报时的讲话，载中国能源年鉴编辑委员会编《中国能源年鉴：2005/2006》，科学出版社 2007 年版，第 485 页。

[②] 2004 年 8 月 24 日温家宝在听取中国可持续发展油气资源战略研究成果报告时的讲话，载中国能源年鉴编辑委员会编《中国能源年鉴：2005/2006》，科学出版社 2007 年版，第 486—487 页。

[③] 2005 年 6 月 2 日温家宝在国家能源领导小组第一次会议上的讲话，载中国能源年鉴编辑委员会编《中国能源年鉴：2005/2006》，科学出版社 2007 年版，第 488 页。

[④] 国资委：《国有经济应保持对七个行业的绝对控制力》，中华人民共和国中央人民政府网站（http://www.gov.cn/jrzg/2006-12/18/content_472256.htm）。

段时间不断增长,中石油更是多次因为巨额盈利而被称为亚洲最赚钱公司;二是因为国家油气安全面临威胁,国内政府部门希望借助石油石化央企保障国家能源安全。如国家希望石油央企"走出去"购买油气资源,而这提升了石油央企的地位。下面以石油央企"走出去"为例子来加以说明。

中国石油国企在20世纪90年代已有"走出去"的举动。但20世纪90年代的"走出去"与后来的"走出去"区别在于:一是规模与后来相比非常小,更多是石油国企的个体行为,国家给予的支持不多;二是这时国际油价比较低,很多领导人更倾向直接在国际石油市场上购买原油,而非"走出去"买油田,因而中国石油国企的"走出去"行为并未在多大程度上提升其地位。直到20世纪90年代末,很多中央领导人还认为,与其投资海外油气资源,还不如直接从国际市场上购买油气,因为直接购买要比在海外勘探开发自行生产便宜很多。①

胡锦涛和温家宝在2004年、2005年都提到要利用国际国内两个市场、两种资源:胡锦涛在2005年6月27日中共中央政治局第二十三次集体学习时指出:"要积极开展国际能源资源合作,充分利用国际国内两个市场、两种资源。"② 2004年6月25日温家宝在听取中国工程院关于中国可持续发展油气资源战略研究汇报时指出:在加强国内油气勘探开发的同时,"要充分利用国际国内两个市场、两种资源,积极发展多种形式的国际合作,建立经济、安全、稳定的油气

---

① 孔博:《解读中国国际石油政策》,裴文斌等译,石油工业出版社2012年版,第46页。

② 2005年6月27日胡锦涛在中共中央政治局第二十三次集体学习时的讲话,参见中国能源年鉴编辑委员会编《中国能源年鉴:2005/2006》,科学出版社2007年版,第482页。

供应渠道"。①

2003年后石油安全形势的紧张,使石油央企"走出去"的数量和金额大幅增长。之前石油央企海外投资数目平均每年不超过10个,单次投资不超过10亿美元;这之后石油央企海外投资数目平均每年超过20个,而且出现很多巨额收购。如中石油收购哈萨克斯坦石油公司(出资41.8亿美元),中石化收购Addax(出资72.4亿美元)和Repsol(出资71亿美元),中海油收购加拿大尼克森石油公司(出资151亿美元),都是金额巨大的收购。一方面,这些海外油气收购,增加了中央政府对石油国企的依赖,使石油国企手里多了张能源安全牌;另一方面,因为正值油价高涨时期,买下油田后的开发成本一般远低于当时急速上涨的市场价格,也让石油国企在经营绩效上更出彩。②

在"走出去"的过程中,石油国企与国内政府部门在一定意义上形成了紧密协作关系。以中国政府对制裁伊朗的态度为例。美国等国多次提出制裁伊朗的决议,并给中国施加很大压力,希望中国不要在安理会否决该决议。中国如果投弃权票或否决票,那么会受到美国、欧盟等国的很大压力,国际形象会受到很大负面影响。但中国在伊朗又有巨大的经济利益,伊朗是中国第三大石油进口国,而中国也成为伊朗最大的贸易国。若中国政府支持制裁伊朗,会损害中国的能源安全和石油国企在伊朗的利益。为此,中国呼吁伊朗和美欧双方通过外交方式解决争端;同时在有关制裁伊朗的决议内

---

① 2004年6月25日温家宝在听取中国工程院关于中国可持续发展油气资源战略研究汇报时的讲话,载中国能源年鉴编辑委员会编《中国能源年鉴:2005/2006》,科学出版社2007年版,第485页。

② Shaofeng Chen, "Motivations Behind China's Foreign Oil Quest: A Perspective from the Chinese Government and the Oil Companies", Journal of Chinese Political Science, Vol. 13, No. 1, 2008, pp. 79 – 104.

容上与欧美进行协商,坚持应删去涉及石油和贸易的部分,使最终的制裁议案对伊朗经济不造成影响或者只造成很小的影响,然后才同意在制裁伊朗的议案上投赞成票。中国在四次制裁伊朗的议案上都投了赞成票,但这几次制裁都未对伊朗的经济造成太大的负面影响,也未过多损害中国在伊朗的石油利益。在这类事情上,石油国企与国内政府部门形成了相互依赖的关系。再比如,中国政府还经常以贷款换石油的方式获得海外石油供给,如中国于2009年与巴西签订了100亿美元的贷款换石油项目:中方提供100亿美元的贷款,而巴西方面则保证在之后十年内每年以市场价向中石油提供20万桶原油;中国于2010年与委内瑞拉签订了200亿美元的贷款换石油项目:中方向委内瑞拉提供200亿美元贷款,而委内瑞拉与中石油签订石油购销合同。

总之,2003年以来,随着中国对外石油依存度越来越高,中国直接面临着国际石油价格大幅波动的压力、国际石油价格不断上涨的压力、外资抢占中国油气市场的压力、获取稳定的海外油气资源的巨大压力等。这些压力使中央政府对石油产业市场化更为谨慎。

四 国内政府行为:加强政府介入,维护能源安全

为维护石油安全,国内政府部门一方面维持乃至强化石油央企在国内油气市场上的地位,并支持石油央企"走出去"购买资源以增进中国油气安全;另一方面,国内政府部门为控制国际油价剧烈波动和油价高涨带来的影响,不得不采用行政介入方式来控制国内成品油价格。

(一)扶持大型石油集团

国际油价自2003年以来不断创历史新高,而同时中国的石油需求不断增加,对外石油依存度不断提高,使中央政府认为国际油价飙涨和国际国内石油资源供应状况对中国国家经济安全造成了重大影响。

中央政府对能源央企其实存在很大依赖性。为保障国家能源安全，国家需要石油企业的配合——如在国际油价很高时，中央希望国内油价不要涨得那么厉害，但这需要企业来执行。如果石油市场上是民企或外资企业占主导，那么政府恐怕是无法很容易按自己的意图来影响石油市场；同样，鉴于中国对外石油依存度越来越高，国际油价在2003年后一路高涨，并在2003—2012年长期处于高位，中央政府迫切需要稳定地获取海外石油资源，这时比较能靠得住、中央政府也比较能控制的就是能源央企了。

中央政府对石油央企的依赖，使中央政府无意推动石油产业市场化；同时为确保国家石油安全，还需要给予石油央企一定的特殊地位。一方面中央政府不愿推动石油市场进一步市场化，因为这样一来中央政府就可能失去对这些企业的控制，进而对整个石油市场失去控制，这是中央政府绝对不愿意看到的；另一方面，为让石油央企承担更多的维护国家能源（石油）安全的任务，中央政府不得不给予石油央企众多特殊地位和优势，以帮助石油企业在国内抵御外资的竞争，以及在海外能更好地进行油气资源勘探开发方面的竞争。

在石油流通领域就是如此。中国在加入世界贸易组织之时承诺要放开成品油批发、零售市场。为了避免开放后让外资完全占领中国成品油流通市场，国内政府部门采取了一系列措施。首先是整顿国内中小民营加油站。在国家看来，若不整顿，那么等外资进入后，他们以收购民营加油站的方式，可以很快就控制中国成品油流通市场，而这会威胁中国的能源流通安全。其次国家规定所有新建加油站一律由中石油、中石化建设，其他的一律不批准。中石油、中石化也在成品油批发、零售市场向外资开放前,大规模收购国内民营加油站。因为中石油、中石化掌握着油源,民营加油站若不接受中石油、中石化的收购,很可能在石油供应偏紧时,无法从中石油、中石化那里拿到油源。所以很多民营加油站大多接受了中石油、中石化的收购。1998年民营加油站数量占全国总份额的70%。到2011年,全国加油站11万多家,其中中石油、中石化占50%以上,民营加油站份额降至40%左右。虽然中石油、中石化在加油站数量上并没有绝对优势,但从加油站零售量来看,民营加油站只占10%,而中石油、中石化占比高达85%。[①] 这是因为中石油、中石化拥有的多是地段好的加油站,而后期没有被并购的民营加油站基本上都是地段不好,较难盈利、零售量少的那种。在炼油方面,2012年中石油和中石化占据国内炼油产业产能的75%左右,情形与石油流通领域类似。

中石油、中石化拥有的成品油市场一级批发权,使它们具备了对民营和外资成品油批发与零售企业的绝对优势。在石油进口资质方面,国内只有中化集团、中石化下属的中联化、中石油下属的中联油等少数国企有进口许可证。在这些石油央企之外,国家是实行原油、成品油进口配额制度,商务部每年都会规定非国有贸易企业在原油、成品油方面的配额,但这些依靠配额进口的原油,必须卖给中石油或中石化的炼油厂,不得自行销售。[②] 国家在政策上对中石油、中石化的支持,确实使得中国的石油流通产业在对外资开放后,没有受到太大冲击。这虽在一定程度上限制了市场竞争,但也在一定程度上维护了国家油气安全。

(二)国际石油价格波动与中国成品油定价的行政协调

2004年国际平均油价达到当时20年来新高,国内政府部门未按之

[①] 北京大学国家发展研究院能源安全与国家发展研究中心:《中国能源体制改革研究报告》,2014年5月,第78页。

[②] 王炜瀚:《石油客出海的反体制逻辑》,《能源》2011年第7期。

前规定的油价与国际接轨来逐月调整,而是出于安全的考虑,利用了行政手段来干预油价。如 2004 年全年成品油价格只调整了 3 次;在 2005 年,"全年国内成品油价格仅调整了 6 次(汽油调整了四次,柴油和航空煤油各调整了三次)"。[①] 国家之所以加强对石油价格的行政协调,是为了防止油价剧烈波动影响中国经济安全。但油价涨得太快,如果总是控制油价不让调整,那国内的炼油产业会产生严重亏损。2005 年后中石化和中石油的炼油部分都出现了严重亏损,到 2008 年,二者在炼油部分的亏损合计达到 194 亿美元。这种政策性亏损(原油价格与国际接轨,但成品油价格仍然被政府控制,导致国际油价高涨时,炼油部分不得不高价从市场上购买原油,又不得不以政府控制的价格出售成品油)使得中石油中石化强烈要求政府给予补贴。中国政府在 2005—2008 年给中石化 114 亿美元的亏损补贴,在 2008 年给了中石油 23 亿美元的亏损补贴[②](需要说明的是,虽然中石化和中石油在炼油产业有政策性亏损,但它们的总体业务还是有巨大盈利的)。

2003—2012 年,在成品油定价问题上,决策者既希望国内成品油价格能与国际市场接轨,但又不希望国际油价的波动过多影响到国内石油消费市场。因此在国际油价波动剧烈时,中央会相应缩小国内石油价格波动的幅度。如在某些时候不进行价格调整,或者进行比国际油价涨跌幅度小许多的价格调整,或者通过补贴中石油、中石化,让其在国际油价高涨而国内油价提价幅度相对小时,能够继续充足地给市场供给成品油。2003—2012 年中国的成品油定价机制,其实是一种机制加通知的方式,发改委给出了油价上涨或下调的机制,但真

[①] 中国能源年鉴编辑委员会编:《中国能源年鉴:2005/2006》,科学出版社 2007 年版,第 59 页。

[②] 孔博:《解读中国国际石油政策》,裴文斌等译,石油工业出版社 2012 年版,第 27—28 页。

正调价还要等到发改委发出通知才行。而有时发改委在国际油价变动达到机制要求的变动幅度时，出于一些原因（很多时候是宏观经济方面的原因）并未按照预期的规则来调整油价。

总的来说，2003—2012年中国对国际石油资本和技术的依赖程度降低，而同时国际力量对中国石油产业安全可能造成的威胁却越发引起决策者的重视。在这种情况下，中国政府一是在国内通过扶持中石油中石化等石油央企，给予其国内优势地位而防止外资掌控中国石油流通等领域带来安全威胁；二是鼓励石油央企"走出去"购买油气资源，来提升中国能源安全；三是为了防止这段时期国际油价暴涨带来的通胀压力以及国际油价剧烈波动给国内带来的负面影响，国内在成品油价格方面保留了行政控制的手段。

本章小结

中国石油产业在改革开放后开始了初步市场化。之后，中国曾放开成品油批发零售市场，并让油价与国际市场直接接轨，让两大石油公司重组，加强竞争。这主要是因为，在建设社会主义市场经济的背景下，石油国企的低效增强了国内政府部门推进能源产业市场化的意愿，而积极申请加入WTO则增强了国内政府部门推进能源产业市场化的能力。而在这之后，行政力量并未继续抽离石油产业。这很大程度上是因为这个时期国际力量对中国油气安全的威胁大幅上升、石油央企效益的大幅改善及其保障中国石油安全的作用，降低了国内政府部门推进能源产业进一步市场化的意愿。

在本书下一章我们会发现电力产业也经历了类似转变。不同的是，因为电力很大程度上是不可贸易产品，因此对其影响最大的国际力量不是世界贸易组织，而是世界银行。

第四章　电力产业变迁

本章指出国内政府部门、电力国企与国际力量之间的互动如何影响了中国电力产业市场化变迁。若将电力产业放到国际大背景下，我们可以发现改革开放后中国电力产业的发展，很大程度上是中国与国际社会互动的结果。改革开放初期，国内政府部门利用国际资本和技术，推动中国电力产业产量的增长、技术进步和管理提升；在1993—2002年，中国受到世界银行等国际力量的影响，开始推行全面的电力产业市场化；2003—2012年，中国电力产业对国际资本和技术的依赖降低，对电力供应安全的强调，使国内政府部门对电力市场化更为谨慎。

本章第一节主要简略介绍中国电力体制改革的历程，第二、三、四节主要从国内政府部门、电力国企与国际力量的互动角度，来解释中国电力产业变迁。

第一节　电力产业变迁历程

从中央与地方关系来看，中国电力管理体制在1949—1978年经历了三上两下的过程，此后又经历了多次电力体制改革。三上两下指的是：中华人民共和国成立后中央依照六大行政区设立电力管理局

(一上);1958年后中央将权力下放到省(一下);1960年后权力再次被中央上收到大行政区电力管理局(二上);1966年后中央将权力再下放到省(二下);1978年后权力再次被中央上收到大行政区电力管理局(三上)。

在改革开放后,中国电力产业不再只是行政管理权力的上收下放,而是尝试彻底转变经营方式。改革开放后中国电力产业经历了几个重要转变:一是1978年后国内政府部门开始在电力建设工程中引入市场化因素,并开展了以集资办电为核心的初步市场化尝试;二是1998年(1998年中央就已经在六省市开展电力竞价上网的试点)开始的电力产业市场化体制改革,开始了较大幅度的市场化尝试;三是2004—2012年,电力产业更强调安全,对市场化持谨慎态度。

第二节 初步市场化阶段:引入电力外资推动电力产业市场化

1978—1992年,中国电力产业开始初步的市场化尝试。国内政府部门通过引入外资,以在国有电力工业部门之外设立"实验室"的方式推进改革。

改革开放初期中国开始强调以经济建设为中心,这种转变影响了电力产业的发展。此时强调计划为主市场为辅的方针,是以较少触犯国有工业部门(尤其是国有重工业部门)利益的方式进行,如引入外资作为国有电力工业部门的对照,利用外资的高效来引导电力国企改革。

改革开放初期中国欢迎外资投资中国电力产业。1983年6月30日,邓小平在中共中央工作会议上指出,应该集中资金保障重点建设,如能源建设等,因为能源建设是保证经济增长的基础。他还指出发展电力的重要性："外国人说我们翻两番靠不住？为什么？因为我们的计划中电力只能翻一番多，光这条就断言我们翻两番要落空。"①为此中央政府部门对外资进入中国电力产业持欢迎态度。1984年3月25日，邓小平指出："翻两番，分成前十年和后十年，前十年主要是为后十年的更快发展做准备。这种准备包括四个方面，一个是能源，一个是交通，一个是原材料，一个是智力。这需要大量的资金，我们很缺乏，所以必须坚持开放政策，欢迎国际资金的合作。"②

国内政府部门这时在电力行业引入外资作为改革"实验室"。中国在20世纪80年代鼓励外资进入中国电力产业，并同外资商量了协议价格，给外资三保证："保电量、保电价、保回报，许以外方固定的投资回报率（高达15%—20%）。"③

除了吸引电力领域的FDI外，中国很好地利用了国外贷款（如世界银行的贷款）。世界银行在中国援建了不少水电项目，包括鲁布革水电站（中国最早利用外资建设的水电站）、四川的二滩水电站（中国20世纪投产的最大水电站，利用世行贷款9.3亿美元）、河南的小浪底水利枢纽工程（利用世行贷款10亿美元）等。在1984—1994年，世界银行给中国水电站建设发放的贷款额度约为15.79亿美元。中国在水电站建设方面还利用了日本海外经济协力基金大约11.2亿美元的贷款，亚洲开发银行3.79亿美元贷款，以及法国、意大利、加拿大、科威特的政府贷款约2.97亿美元。④

---

① 中共中央文献研究室编：《邓小平思想年谱》（1975—1997），中央文献出版社2011年版，第469页。
② 中共中央文献研究室编：《邓小平思想年谱》（1975—1997），中央文献出版社2011年版，第494页。
③ 陈楠：《最后的守望者也要走了：外资电力大撤退》，《南方周末》2012年5月5日（http：//www.infzm.com/content/74873）。
④ 中国水力发电年鉴编辑部编：《中国水力发电年鉴：1992—1994》，中国电力出版社1995年版，第532页。

以鲁布革冲击为例，1984年鲁布革水电站率先利用了世界银行的贷款，并在国内水电行业率先进行国际化招标和合同管理制度。在水电站建设过程中，不再使用内定的承包商，而是通过国际招标的方式引入国外承包商。这一举动在国内水电行业造成了重大反响，被称为"鲁布革冲击"。

鲁布革水电站位于黄泥河下游段，在云南省罗平县和贵州省兴义市交界处，由昆明勘测设计院提出规划，1981年其提出的初步设计报告被批准，水利部决定该水电站的建设使用世界银行的贷款。但若使用世界银行的贷款，就必须遵守世界银行的要求。世界银行的主要要求包括：贷款接受方需按世行的方式实行项目管理，"使用贷款不论是土建工程还是设备采购，必须在瑞士和世界银行成员国中采用国际竞争性招标"，[1] 此外还必须遵循国际通行的《菲迪克条款》（国际通行的建筑合同标准化文本规定）。

当时国内在是否接受世行贷款条件争议较大。反对方认为如果接受世行要求，该水电项目有可能被外国控制，是卖国行为，认为"中国的水电工程怎么能让外国人来设计和施工？"[2] 但水利电力部最终还是决定使用世行贷款，并借机将市场机制引入中国水电建设中来。

在该水电站项目建设招标中，日本大成公司击败了包括中国施工方在内的多家国际施工队伍，拿下了该项目。在施工过程中，日本大成公司与中国当时仍然处在行政管理体制下的水电第十四工程局形成了鲜明对比。水电第十四工程局在1976年，就进驻鲁布革，但数千职工加上家属将近两万人，在搬到没有任何基础设施的鲁布革后，头几年主要资金被用于建学校、医院、盖房子等，工程进度缓慢。相比

---

[1] 朱军：《鲁布革冲击》，载《中国水力发电史》编辑委员会编《中国水力发电史（第二册）》，中国电力出版社2007年版。

[2] 李平、肖丹：《开放：以碰撞对接》，《中国水利报》2008年12月18日第1版。

之下，日本大成公司，不仅在很短时间内进驻鲁布革，而且无须拖家带口，也无须在非工程方面耗费多少资金。日本大成公司在鲁布革项目施工过程中，屡屡创下国内水电工程施工的最高水平纪录（创造了四项国内最高施工纪录）并提前完工。

鲁布革经验随后得到中央高度重视并在全国予以推广。1986年11月，赵紫阳、李鹏到鲁布革施工现场视察，在表示充分肯定的情况下，要求向全国各地推广鲁布革经验。1987年6月8日，《人民日报》头版刊登了《鲁布革冲击》，引起了全国强烈反响，也拉开了全国水电建设项目市场化的序幕，世界银行支持的鲁布革项目起到了"对比实验室"的功效。

第三节　世界银行与中国电力产业市场化的深入

1993—2002年，中国电力产业推进市场化，这既与中国建设社会主义市场经济体制的大背景有关，很大程度上也是受国际因素的影响。如自20世纪90年代开始，全球兴起的电力产业市场化高潮（世界银行是其中重要推手），在很大程度上影响了中国高层决策者对中国电力产业市场化的态度。

一　国家经济战略目标的深化

中国国家经济战略目标已经深化为"建设社会主义市场经济体制"，这在很大程度上影响了当时中国电力产业的市场化进程。中国电力行业的目标，从上一阶段主要强调满足电力供给，变成强调提升电力企业效益。

二 世界银行与中国政府推动电力产业市场化意愿和能力的增强

世界银行推动了中国的电力体制改革。1992年世界银行发布了《世界银行1992年政策报告：世界银行在电力部门中的作用》，要求发展中国家推广美英电力体制，否则世界银行将不会给予或停止发放贷款，"凡是要利用世界银行贷款的国家就必须进行电力体制改革"。[1] 1993年，世界银行与中国财政部联合开展中国电力体制改革研究。中国在1993—2002年召开的多次电力体制改革会议，都有世界银行代表参加。世界银行在电力体制改革方面（相比中国政府）更有经验且掌握是否对发展中国家贷款的权力，[2] 因此影响了中国此时的电力体制改革。

国内电力体制改革也在一步步推进。1993年1月中国成立了5大电力集团公司（东北、华北、西北、华中、华东），1996年组建国家电力公司，1998年撤销电力工业部，1998年12月国务院发文要求推进厂网分开。

20世纪90年代中后期，独立电厂的壮大，使电力改革的呼声上升。20世纪80年代，中央因为缺电而提出集资办电的策略。当时的说法是中央地方一起上，国企民企一齐上，大中小企业一起上，内外资一起上，最终使中国解决了缺电的问题：在允许集资办电十多年后，中国的电力供应开始告别短缺。与此同时，该政策也在国内培养了一批独立的发电企业（其中相当一部分是外资电厂，或是利用世行等外国贷款建设的电厂）。这批独立发电厂，在国内电力紧缺之时上网都不难；在20世纪末中国电力供应告别短缺后，则常因被限制上

---

[1] 朱成章：《我国新电力体制改革酝酿过程的回顾》，《中外能源》2013年第2期。
[2] 朱成章：《我国新电力体制改革酝酿过程的回顾》，《中外能源》2013年第2期。

网而导致很大损失。虽然当时国内已经是多家公司发电了，但国家电力公司在管理国家电网（全国的电网）的同时，还拥有自己的发电厂。"电网在电力生产中具有指挥权，当需求不足时，哪些发电厂可以发电以及发电的数量由国家电力公司决定，拥有电网和发电厂的国家电力公司难以摆脱保护自身利益的嫌疑"，[①] 因此当时要求进行电力体制改革的呼声很高。

二滩水电站建成即巨亏事件加快了中国电力体制市场化的步伐。世界银行在二滩水电站建设中提供了大约9.3亿美元的贷款，而二滩水电站的建设，也是按照世界银行的要求，全面实行合同管理、国际招标和监理制度。二滩水电站于1998年开始部分发电，2000年年底完工。但二滩水电站建成初期，不但没有给当地带来经济收益，自身反而陷入巨额亏损。原因在于在当时《电力法》的规定下，地方政府自己无权确定电价。二滩水电站多生产出来的电，既无法以降低价格的方式就地消化（因为不许私自制定价格），也因为政策原因无法送到外地，很多时候只能白白浪费掉。

在这种情况下，地方政府一方面试图自主降低水电价格以吸引用电大户（如高耗能企业）来此投资生产；另一方面，地方政府也在法院与电网打官司，但根据电力法，法院只能判私自降价的水电站和地方政府败诉。二滩水电站建成投产后出现的巨额亏损，使原来向世界银行所借的贷款难以偿还。二滩水电站的领导上书国务院，指出如果还不上世界银行的贷款，会严重影响中国的形象。[②] 二滩水电站事

[①] 周启鹏：《中国电力产业政府管制研究》，经济科学出版社2012年版，第96页。

[②] 安华维：《回望"二滩"》，《南方能源观察》2012年第10期。其实当时二滩水电站的巨额亏损，还跟二滩水电站本身贷款数额大，还款周期相对短有关。而且，当时正好是二滩水电站的丰水期，这才导致电力生产太多，而在之后碰到的枯水期，川渝地区却是发电不够，需要拉闸限电。但在当时的舆论环境下，人们主要把矛头对准了电力体制的壁垒。

件，按照当时那些评论者所指出的，是"轰动了全国，震惊了中央，影响到国外，国家主席和政府总理立即发出指示，加快电力体制改革"。①

三 国内政府行为：大幅度的电力产业市场化

电力体制改革是以通常所说的"五号文件"为标志（之前也是有不断的市场化，但"五号文件"是最大的电力产业市场化动作）。所谓"五号文件"，指的是国务院于2002年颁布的《关于电力管理体制改革方案的通知》。因为文件编号是国发〔2002〕5号，因此在电力体制改革研究领域，该文件被简称为"五号文件"。该文件由当时的国家计委同其他部委共同制定，后提交国务院并得到批准。当时确定的电力体制改革主要包括三个方面：厂网分开、主辅分开和政监分开。在厂网分开方面，国家电力公司被拆分为两大电网公司和五大发电集团；在主辅分开方面，国家电力公司中独立出来的辅业成立了四大辅业集团；在政监分开方面，电监会宣告成立。成立电监会是为了实现政监分离：电监会是一个独立管制机构，而非政府行政管理机构。电监会成立的初衷，是国家试图通过成立一个独立的垂直管理机构，来减少其他利益团体的制约、增加政策制定的独立性和政策执行力："按照公开、公正、公平的原则，对电力生产中具有指挥权的电网及其调度机构予以管制，抑制不正当竞争和垄断行为，维护电力市场秩序，规范厂网分开之后电力企业的竞价上网、公平竞争。"②

很大程度上源于世界银行的要求，中国的电力体制改革选择了英美模式。而中国最终又选择了英美模式中的英国模式。就美国来说，在20世纪90年代大规模电力市场化之前，其大部分电力行业

---

① 张曙光：《打破电力垄断为何这么难》，《煤炭经济研究》2001年第4期。
② 周启鹏：《中国电力产业政府管制研究》，经济科学出版社2012年版，第116页。

资产都是私人所有，而中国电力行业主要是国有资本占主体，二者差别较大。而美国在改革的过程中，并无统一模式，而是有几种不同的模式，如加州模式，德州模式，PJM 模式（Pennsylvania—New Jersey—Maryland 电力市场）等。其中加州模式因发生加州电力危机而声名狼藉，而德州模式和 PJM 模式比较成功。但美国缺乏统一的模式，再加上改革之前中美电力产业的产权模式差异，因此最终中国选择了英国模式。在进行电力体制改革之前，英国的电力行业是国有垄断的，英国的英格兰—威尔士地区实行的是统一的电力体制，这些都与中国的情形比较一致。而且英国电力改革过程比较平稳，未出现美国加州电力危机那种大的纰漏，而是带来了效率的提升和电价的下降，所以在当时看来是比较适合中国学习的模式。当时各国电力产业发展模式如表 4-1 所示。

表 4-1　　　　　　　　各国电力产业模式比较

	产权私有化	电力市场自由化
英国	是	是
美国	是	是
日本	是	否
法国	否	否

资料来源：井志忠：《从垄断到竞争：日美欧电力市场化改革的比较研究》，商务印书馆 2009 年版。

2000 年年底，中央政府、地方政府、电力国企等就电网体制改革进行协调，最终得出一个折中方案。[①] 当时分别有几种方案，最后

---

① 据张国宝回忆，当时电网改革几种方案争执不下，最后打电话到江泽民总书记那里，总书记要求对这几个方案进行折中（compromise），参见张国宝《电改十年的回顾与思辨》，《中国经济周刊》2013 年第 1 期。

的方案是对"1+6"方案和"0+4"方案的折中。这两种方案的相同点在于都同意将全国分成几个区域性的电网公司,而两种方案的最大区别在于是否保留全国性的电网企业。"1+6"方案中的1就是保留国家层面的电网企业,6是指同时在该电网企业下成立6家区域性电网公司,受国家级电网企业的管辖。而"0+4"方案中的0是指取消国家级的电网企业,只设立4家区域性的电网公司。最后折中的方案是,既成立国家级的电网企业,同时也单独成立一个区域性的电网企业——南方电网,若干年后再看哪种方式经营效果更好。[①]

第四节 外资退出、电力供应安全与中国电力产业的安全转向

2003—2012年中国的电力体制变化不大:主辅分开耗时很久;电力定价行政化被保留;输配电最终没有分离;国家电网垄断程度提升;电力体制改革中成立的最重要单位电监会被撤销。出现这种状况的主要原因在于:一是国内政府部门开始更强调对能源安全(电力供应安全)和对电力部门的控制,并因此而更依赖电力国企,而外资电力企业则不再如之前那般受欢迎,反而可能威胁中国国家电力安全;二是国内政府部门对世界银行等外部力量的依赖程度下降。

一 国家经济战略目标的进一步深化

此时中国的社会主义市场经济体制已经初步建立,国家开始把重心放到对这种体制的完善方面。国资管理体制和目标的变化,很大程

---

① 具体数据对比,参考武建东主编《深化中国电力体制改革绿皮书》,光明日报出版社2013年版,第110页。

度上影响了电力产业变迁。在国资委监管下的国有企业,面临着很大的国有资产保值增值压力。而国资委也开始强调对电力电网行业保持绝对控制力。

二 对国际力量依赖程度下降与政府推行市场化意愿的减退

此时中国政府对世界银行的资金需求下降。在中国极其缺乏资金的改革开放初期,中国只有1.67亿美元外汇储备。即便在1993年,中国外汇储备也只有212亿美元。但到2003年中国外汇储备已经增至4000亿美元,2006年已经超过1万亿美元。早前世界银行凭借其资金等优势影响了中国电力产业市场化,此时其影响力已大为下降。

随着中国电力产业技术的提升、电力企业自身资金积累的增加,中国电力产业对国际资金和技术的需求大为下降。电力外资已被国有发电厂视为竞争者。在1998年以前,因为中国的电力供给处在绝对短缺状态,外资并不对国有电厂构成太大竞争,因为大家最后都能将发出的电卖出去。但在2003—2012年情形已然不同,中国虽然缺电,但国有电厂自己完全有足够资金和技术建新电厂,无须外资在资金和技术方面的帮助,所以外资电厂与国内电厂之间更多是竞争关系。

中国电力产业的外资出现了撤资潮。[①] 在2003年后,因为煤炭价格不断上涨的同时电价仍然受控制,外资电力企业开始出现亏损。很多外资电企将在中国国内投资的电力企业卖给了国有发电集团(国有发电集团可以买到外资电力企业买不到的低价统购煤,因此国有发电集团的发电成本上升速度比外资电力企业要慢。同时国有发电企业即便亏损,也只是效益变差,而不用担心企业生存问题,因为有国家财

[①] 陈楠:《最后的守望者也要走了:外资电力大撤退》,《南方周末》2012年5月5日 (http://www.infzm.com/content/74873)。

政兜底）。恰如其中一位外资电力企业高管所说："我们能预见到煤炭的价格可能会涨，但没预见到电的价格是不可以涨的。"[①] 2007 年外资占中国电力产业的投资已经不到1%（1998 年是15%）。2012 年美国爱依斯电力（AES）退出中国市场后，除去倾向发展核电的法国电力公司外，其他外资电力企业已全部退出中国市场。

外资电厂在 2004 年后撤出中国市场，很大程度上是源于中国"市场煤＋计划电"的体制。外资火电企业进入中国时，主要收购的是中小型火电厂。这些电厂在 2003 年后煤炭价格高涨的过程中，只能去市场上购买高价煤。中国在 20 世纪 90 年代末就试点进行电力产业市场化，在 2002 年已经成立电监会，并实行了厂网分开。但后来煤炭价格持续上涨，而电价因为电力产业市场化搁浅，难以随着煤炭价格自由浮动，从而使得外资电力企业陷入严重亏损。电力外资撤出中国，使得国内政府部门进一步失去了推进电力市场化的动力。因为外资电力企业是要求电力市场化的重要力量，在它们撤走后中国的电力工业更缺少推进市场化的外部动力。

三 国家电网效益提升及在维护国家电力安全中地位的上升

2002 年电力体制改革启动后，原本被预期进一步推动电力产业市场化的情形并未发生。与此同时国家电网的地位在不断提升：一是国家电网的盈利额不断上升，2003 年国家电网利润为 41.6 亿元，2011 年已经增长为 533 亿元；二是国家电网很好地利用 2004 年"电荒"、2008 年中国"南方暴雪事件"来说明维护电网安全的重要性，说服了中央政府搁置进一步的电力市场化；三是国家电网大力执行中央政府的"走出去"战略。这三方面都提升了国家电网的地位，增

[①] 吴金勇、吴琴：《外资电力的中国生存规则》，《广西电力》2005 年第 3 期。

强了国内政府部门对电网偏好的认同。

2004年中国又开始出现"电荒",2006年美国发生"加州大停电事故",2008年中国"南方暴雪事故",都让国内政府部门进一步意识到电力供应安全的重要性。2008年的暴雪过后,国家电网在给中央的报告中指出,这次暴雪灾害说明电气设备制造和维修行业对电网安全的重要性,从而暂缓了对电网的主辅分离改革。

在国内政府部门看来,电力供应安全和防止电力价格不受控制的上涨开始成为比电力市场化更优先考虑的因素。因为电力短缺与否,不仅是经济问题,更是政治问题。在很多中央高层看来,电力绝非仅仅是一个商品。在外资撤出中国电力市场的同时,国内政府部门与国内电力企业(尤其是电网企业)在寻求电力供应安全方面形成了高度共识。2006年12月5日,国资委发布《关于推进国有资本调整和国有企业重组的指导意见》,指出要"推动国有资本向重要行业和关键领域集中,增强国有经济控制力",随后,12月18日,国资委主任李荣融指出,按照国资委的部署,国有经济应对煤炭、石油石化和电网电力等七大行业保持绝对控制力。[1]

与此同时,国家电网积极贯彻国家"走出去"战略,也提升了其地位。如国家电网收购了菲律宾国家电网25年特许经营权。2009年1月中国国家电网公司通过与菲律宾两家电力公司共同出资成立的菲律宾国家电网公司,正式接管菲律宾输电网。在菲律宾国家电网公司中,中国国家电网公司占股40%(菲律宾国家电网公司总投资金额为39.5亿美元,其中中国国家电网的投资金额为15.8亿美元)。该项目成为中国在菲律宾的最大投资项目。其实早在2006年,国家电

---

[1] 国资委:《国有经济应保持对七个行业的绝对控制力》,中华人民共和国中央人民政府网站(http://www.gov.cn/jrzg/2006-12/18/content_472256.htm)。

网就同美国凯雷基金，组成竞标联合体，竞标遭公开拍卖的菲律宾输电公司，但在2007年2月退出。到2007年12月时，国家电网通过与另外两家菲律宾电力公司联合竞标，拿下了菲律宾国家电网25年特许经营权。除此之外，中国国家电网还以大约17亿美元的价格收购了巴西7家输电公司股权（该项收购发生之前，巴西总共只有21家输电公司）。2012年2月，国家电网收购了葡萄牙国家能源网公司25%的股份，是国内企业第一次收购欧洲国家级电网公司。2012年11月，国家电网入股南澳洲唯一的输电网公司——南澳输电网公司；后来国家电网又收购新加坡能源公司在澳大利亚资产的部分股权：分别收购新加坡能源在澳大利亚两个子公司（国际澳洲资产公司和澳网公司）60%和19.9%的股权。

对于国家电网海外投资收购，2012年国家电网总经理刘振亚曾经撰文指出："近年来，我们认真贯彻国家'走出去'战略，成功运营菲律宾国家电网，收购巴西7家输电特许权公司和葡萄牙国家能源网公司25%股份，与多个国际电力企业签署了合作协议。"[1] 可以看出，国家电网海外收购的重要动机之一，是为了贯彻国家的"走出去"战略，因此它获得国家"走出去"专项奖励2.8亿元，而这一举动毫无疑问提升了国家电网的地位。

四　国内政府部门行为：加强介入与中国电力产业的安全转向

出于安全考虑，此时中国政府对电力市场化非常谨慎：中国的电力产业中，电网的输配分开被搁置；电力定价机制也保留了行政定价，而为推动电力产业市场化而成立的电监会则在2013年被撤销。

---

[1] 参见国家电网公司网站《刘振亚：加快完善适应"两个一流"要求的领导力开发体系》（http://www.sgcc.com.cn/shouye/tbxw/271995.shtml）。

电网的输配分开被搁置。① 国家曾试图在"十一五"期间完成输配电分离的改革。因此 2006 年时国家发改委和电监会已经出台办法，要求各地开始测算输配电的成本。但国家电网提出反对意见，主要理由是当时的电价主要是行政定价，因此如果要改革电价，应先改行政性定价，而非输配电价格。电监会指出正是因为难以厘清输配电的成本，所以才实行行政性定价。若想实行市场化定价，首先需要明确输配电成本。最终双方争执不下，政府未贸然推进输配分开。而国家电网还成功收购了自身的上游企业许继集团和平高集团（二者均为电气设备企业）。在收购这两家企业的过程中，国家电网明确指出对国内电气设备生产商产品质量的不满意，表示要把国家电网发展成中国的西门子。不过，国家电网作为电网企业收购电气设备龙头企业，虽不符合 2002 年"5 号文件"精神，但得到国资委支持。国资委支持的理由是此类收购可以帮助国有企业做大做强、保持国有经济对电力电网的绝对控制力。②

这个时期中国的电力定价制度保留了行政定价。其他一些国家（如美国）在电价方面实行的是管制电价政策：政府和电力企业事先商量电力定价的原则，电价按此原则自动调整。中国的电价是行政定价。"中国目前的电价是'堆'起来的。电价一直是根据历史水平以及需要的新增费用（燃料、建设、运营与维修成本，以及规定利润的平均值）而行政性地决定。"③ 中国确定行政电价的主要部门是国家

---

① 输电与配电如何区分？最初是按照距离的远近来区分的，长距离的传输就是输电，短距离的分配就是配电。还有是按照电压等级来划分，如规定多少千伏以上的电压是输电，以下是配电，但同一电压在落后地区被划为输电线路，而在发达地区可能就被划为配电线路。

② 王强：《国网帝国》，《商务周刊》2010 年第 5 期。

③ 叶泽、张新华：《推进电力市场改革的体制与政策研究》，经济科学出版社 2013 年版，第 345 页。

发改委。政府认为电力是国家宏观调控中非常重要的棋子，也是维系社会稳定的重要棋子，通过电价的调整，可以影响企业的生产成本、居民的生活成本、通货膨胀指数等。因此政府很难放弃这样一个重要的工具。电监会和发改委两个部门在电价管理权上存在一定冲突：电监会认为如果自己没有电价管理权就是有名无实；但发改委认为电价事关整个宏观经济的稳定性，因此应该由国家的宏观经济管理部门来负责。为协调该困境，2005年中央编办下发了《关于明确发展改革委与电力监管委员会有关职责分工的通知》，明确了电监会主要负责那些已经市场化了的部分，而发改委负责那些尚未市场化的部分。最终，出于安全考虑，国家对电力市场化持谨慎态度，后电监会也于2013年被撤销。

本章小结

总之，在改革开放初期国内政府部门大力引进外资，增加中国电力供应量，提升电力产业的技术和管理水平。在20世纪90年代后期，国内政府部门受到世界银行等国际组织的影响，在世界各国纷纷推动电力产业市场化的潮流下，也在中国推行了电力产业市场化。而在2003年后，中国政府对电力外资等国际力量的依赖程度下降，国家电网在保障国家电力供应安全方面的地位不断提升，最终国内政府部门不再如之前那般注重电力市场化，而更注重维护电力产业安全。本书下一章将以中国煤炭产业为案例，指出国内政府部门、能源国企与国际力量之间的互动如何影响了煤炭产业市场化进程。

第五章　煤炭产业变迁[*]

中国的煤炭产业，正如剑桥大学 Judge 商学院教授、著名中国问题专家彼得·诺兰所言："是一个貌似枯燥的话题，但还很少有类似的话题能够切中 21 世纪初期中国政治经济的核心。"[①] 中国煤炭产业的发展，深受中国与国际体系互动的影响。改革开放以来中国与国际体系互动经历了"引进来""与世界接轨""走出去"三个阶段。而中国的煤炭产业，则经历了初步市场化、大幅度的市场化、安全转向三个阶段。中国煤炭产业市场化三个阶段的变化，很大程度上源于中国国内政府部门、煤炭企业、国际力量的互动。改革开放初期国内政府部门试图借助外部资金，打破国有煤炭企业的独大，引进先进的资金、技术和现代化管理经验来开发中国能源资源；在与国际接轨阶段，国际制度挟裹着全球化大潮，推动国内能源产业市场化，而国内政府部门也借机倒逼已严重亏损的煤炭国企改革，将中小煤炭企业放给市场，在大型煤炭国企建立现代企业制度，完善大型煤炭国企公司

---

[*] 关于中国煤炭产业的很多文献，大多关注政府与国有重点煤矿、乡镇煤矿之间的互动，而对国际力量的重视程度不够。本章则指出中国煤炭产业市场化改革历程，很大程度上也可以由国内政府部门、煤炭国企与国际力量之间的互动来解释。

[①] Huaichuan Rui, *Globalisation, Transition and Development in China: The Case of the Coal Industry*, London: Routledge, 2004, Foreword.

治理结构；在加入世界贸易组织后，煤炭国企取得大量盈利，国内政府部门对国际力量的态度，从视之为助推国内改革的工具变为威胁中国能源（煤炭）安全的因素，因此行政手段并未退出煤炭产业，而是在诸如中小煤矿整合、扶持大型煤炭企业集团等方面更深地介入。

第一节　煤炭产业变迁历程

1978年以来，中国煤炭产业经历了几个发展阶段：（1）1978—1992年，煤炭产业在之前计划经济的基础上，进行了初步的市场化。如在煤炭价格方面，最典型的是实行了煤炭价格双轨制，计划内煤炭价格完全是行政定价，计划外煤炭价格自由浮动（但有最高价限制）。（2）1993—2002年，中国煤炭产业进行了大幅度的市场化。1994年时国家决定除电煤外，其他所有煤炭品种的价格全部放开，2002年规定电煤价格也放开；1998年国务院撤销煤炭部，并将国有重点煤矿企业下放到地方管理。（3）2003—2012年，煤炭产业并没有如人们预期的那样，推行进一步的市场化。为了保障中国能源产业安全，国内政府部门加大了对煤炭产业的行政介入，这在对中小煤矿企业的行政整合、以行政协调的方式实现煤电联动中表现得非常明显。国家发改委在2007年11月发布了80号文件：《煤炭产业政策》。该产业政策是中国"第一部全面反映政府意志的煤炭产业政策"。[1]

一　市场化的初步尝试（1978—1992年）

1978年以前，中国政府不允许私人企业经营煤矿。1978年后，为鼓励煤炭生产，中央制定了"国家、集体、个人一齐上，大中小煤

---

[1] 吴吟：《"煤炭产业政策"解读》，《中国煤炭工业》2008年第1期。

矿一起搞"的政策，在放开了煤矿经营权的同时，也极大地促进了煤炭产量的提升。1985年，国家开始把煤炭价格由国家定价改为价格双轨制，在额定范围内生产的煤炭，由国家定价；超过这部分的产量，可由市场自行定价。

二 市场化的深入（1993—2002年）

1993年，国家将除电煤外的煤炭价格放开，[①] 也开始在煤炭产业进行现代企业制度建设。不过因为煤炭关系国民经济基本运行，是发电行业和其他工业部门的主要燃料，因此1993年时国家还想保留对部分煤炭（主要是电煤）的控制权。当时国家放开了除电煤之外的煤炭价格，而对电煤价格实行政府指导价。在2002年，国家也进一步取消了电煤指导价。至此，至少在名义上国家已经不再控制煤炭价格了。

在1998年，国家进一步实行"抓大放小"的政策，中小煤炭国企被放给市场，而在大型国有煤炭企业推进现代企业制度建设。到2000年年底，"国有重点煤炭企业全部实现了公司制改造"。[②]

三 转向煤炭安全（2003—2012年）

在经过20世纪90年代的大幅度市场化后，2003—2012年，中国更注重维护煤炭产业安全。一方面，国家仍在协调电煤和电力价格，同时国家还在2004年、2008年、2011年对电煤价格实行行政干预。

[①] 而在这之前，1985年前煤炭价格主要是由国家行政定价，1985年开始实行煤炭价格双轨制，进行了市场化的初步改革。

[②] 国家煤矿安全监察局编：《中国煤炭工业发展概要》，煤炭工业出版社2010年版，第115页。

2004年8月，国家发改委规定全国五个主要煤炭生产省份（山西、陕西、河南、安徽、山东）的电煤价格，不得超过当年5月底电煤实际结算车板价①的8%，该干预到2006年1月1日被取消。然后政府在2008年7月至2009年1月、2011年12月至2013年1月对电煤价格进行了最高价限制。"电力的耗煤量约占中国煤炭消费量的50%，只要电价受到管制，中国煤炭的市场化进程就无法完成。"②另一方面，中国政府鼓励形成大型煤炭企业集团以更好地参与国际竞争，同时大量关闭小煤矿以实现煤炭产业集中度的提升。政府主要是利用行政手段（而非等待市场自发集中）来实现这些目标，所以政府对煤炭产业的介入程度加深了。2008年，全国主要产煤省原来被撤销的煤炭行业管理部门被重新恢复。其中14个省份设立了煤炭工业局，有9个省/直辖市设立有煤炭工业行业管理处/办。③

第二节 初步市场化阶段：引入国际力量推动煤炭产量增长

1978—1992年，国内政府部门曾试图借国际力量（外资）推动中国煤炭产量增长和技术提升，找到了从外部促进煤炭国企改革的力量。

一 国家经济战略目标转变

改革开放初国内政府部门开始强调以经济建设为中心，"计划经

---

① 车板价指的是已经把煤炭装上火车，在开动前，除掉火车运费之外的所有费用。
② 林伯强主编：《2010年中国能源发展报告》，清华大学出版社2010年版，第84页。
③ 国家煤矿安全监察局编：《中国煤炭工业发展概要》，煤炭工业出版社2010年版，第107页。

济为主，市场调节为辅"，发展"有计划的商品经济"，这一目标对煤炭产业市场化产生了很大的影响。当然，这种有条件地部分改革的方针的提出，也跟当时国企仍然具有较大经济影响力、政治影响力和意识形态合法性有关。

二 对国际资金、技术的依赖

改革开放初期国内缺少开发煤炭的资金和技术，国内政府部门采取鼓励市场化的方式，试图提高煤炭产量，其中非常重要的一个是借助国际力量推动中国煤炭产业发展。1982年11月15日邓小平在会见美国前驻华大使伍德科克时指出："中国正在解决能源问题。要搞四个现代化，能源方面搞不好就会耽误。中国的资源，第一是水力，第二是煤。但是煤开采起来要花钱。"[1] 而当时中国正缺钱，所以利用外资成为中国的重要选择。早在1980年1月，煤炭工业部党组就曾召开扩大会议，"确定20世纪80年代最为重要的两件大事：一是要改变煤炭工业结构；二是要积极利用外资，引进先进技术，扩大煤炭出口"[2]。而后在1980年3月，煤炭部同罗马尼亚商谈合作建设霍县煤矿，同联邦德国萨尔公司合作建设枣庄煤焦化企业，1980年4月同日本商谈利用日本能源贷款建设煤矿，1980年6月同美国西方石油公司商谈合作开发山西平朔安太堡煤矿，1980年12月同法国矿山设备公司签订《以补偿贸易方式合作建设东滩煤矿的协议》，表现出引进外资的极高热情。1978—1998年，中国煤炭产业共利用外资

---

[1] 中共中央文献研究室编：《邓小平思想年谱》（1975—1997），中央文献出版社2011年版，第442页。

[2] 国家煤矿安全监察局编：《中国煤炭工业发展概要》，煤炭工业出版社2010年版，第11页。

44.7亿美元,[①] 主要是外国政府贷款（主要是日本政府能源项目贷款，约为33.8亿美元）。

三 煤炭国企的影响

在引进外资的同时，中国政府在煤炭部门实行包干制以提升煤炭产量。如1981年9月，中央对煤炭工业部直属的四省煤炭企业进行包干，1983年提出对煤炭部实行生产、建设总承包制度。

国内政府部门在煤矿业引进外资，更多是带来资金、技术和管理经验，而不是直接与国内煤炭国企竞争。如国家规定平朔安太堡煤矿建成后，产品（精煤）主要用于出口。其他很多煤炭行业外资贷款项目也是如此：先用外资开采出煤炭，然后用产出的煤来抵当初的贷款，不与国有煤矿直接竞争。

中央政府在引进外资给国有煤炭部门提供对比"实验室"时，也曾试图直接改革煤炭国企，以提升煤炭产量和煤炭产业的效率，但不太成功。如国务院在1988年撤销了煤炭工业部（也撤销了石油工业部、核工业部等），成立能源部，推行政企分开，但并不成功，最后能源部也在1993年被撤销。这很大程度上在于能源部难以理顺与中国统配煤矿总公司（由撤销了的煤炭工业部转变而来）等能源央企的关系。如能源部是正部级，而归口能源部管理的几个公司也是正部级（这是筹建能源部时的规定），如中国统配煤矿总公司、中国石油天然气总公司等就是正部级。这样的后果就是不易理顺双方关系：因为职级平等，所以能源部对这些公司的管理，很大程度上依赖能源部领导和这些公司领导之间的个人关系。

---

① 王丹、樊玉敬：《新形势下煤炭工业利用外资的可行性》，《煤炭企业管理》2002年第7期。

四 国内政府行为：引入外资作为对比试验室

国内政府部门试图利用外资建立发展相对独立于煤炭国企的系统，用其对比效果引导中国煤炭产业发展。中国引入煤炭产业的外资中，主要有外国政府能源贷款和外商直接投资。此处主要介绍中美合资的山西平朔安太堡项目和日本能源贷款项目。需特别指出，很多利用外资生产的煤炭并不与国内煤炭国企竞争，而是用来出口。

（一）中美合资平朔安太堡项目

最有名的利用外商投资项目是中美合资（外资方是美国西方石油公司）的山西平朔安太堡项目。1982年，平朔安太堡露天煤矿开始筹备，1985年开始动工，1987年9月建成并投产。项目总投资6.5亿美元，其中外方投资占52.5%。项目的设备、技术主要从西方进口，该项目是当时中国最大的中外合资企业，约定投产后由美方负责管理。

平朔安太堡项目是邓小平亲自与哈默商谈的结果。邓小平1979年访问美国时，见到了哈默，双方就哈默来中国投资设厂达成共识。[1] 邓小平比较强调煤炭在能源中的重要地位。邓小平在1980年4月2日指出："各国解决能源问题，都有各自的侧重点。我们的侧重点，应该是煤的开发和利用。"[2] 哈默投资的平朔安太堡露天煤矿项目，得到了邓小平的特别关心。中国领导人希望该项目的成功可以吸引更多外资间接推动国有煤炭工业部门的改革。而哈默也试图引入先进的技术和管理经验。1982年哈默接受《参考消息》专访时，指出中国的改革会"把管理知识、外资和技术带入中国，而这正是西方石油公

---

[1] 孟红：《邓小平与石油巨头哈默的交往》，《文史精华》2010年第2期。
[2] 中共中央文献研究室编：《邓小平思想年谱（1975—1997）》，中央文献出版社2011年版，第301页。

司目前在山西煤矿做的三件事。"①

虽然后来美方在项目建成并运营几年后，退出了该项目的管理，但中方已经在引进项目建设资金、引进先进技术设备和管理经验等方面达到目标。因为当时国际煤炭价格处于低谷，在投产后的最初几年中该公司一直亏损。哈默博士去世后美方退出了该项目，中方接手了项目的管理。当时国际上的舆论大多认为中国接手后，会搞不好。因此当时的李鹏总理就表示一定要比美国人管理时搞得更好才行。中方接手后保留了该企业中外合资待遇不变，保留了美方整套的管理机制，在企业内部实行完全的市场机制，接手两年多后，实现了8亿元人民币的盈利。② 中国政府之所以极力保留平朔安太堡项目的外资待遇和管理机制不变，就是想极力保留这个"实验室"，既是让国内煤炭国企有学习和对比的对象，也意图以该项目的成功来吸引更多的外资。③

(二) 日本政府对华能源贷款项目

相比外商直接投资，煤炭产业引入的外资更多是外国政府贷款。当时国际煤炭价格处于低谷，因此虽然中国政府非常希望引入外商直接进入中国煤炭产业，但数量还是有限。④ 这种情况下，中国政府很好地利用了另外一种外资形式：外国政府能源贷款，主要是日本能源贷款。1979—1993年，日本输出入银行先后给中国煤炭产业提供了

---

① 孟红：《邓小平与石油巨头哈默的交往》，《文史精华》2010年第2期。
② 马杰：《中西合璧铸造"平朔模式"》，《经济工作通讯》1994年第7期。
③ 中国煤炭工业协会：《中国煤炭工业改革开放30年大事记》，煤炭工业出版社2009年版，第75页。
④ 这里需要说明的是，与石油和电力行业相比，煤炭产业吸引的FDI相对来说较少。在改革开放初，国内政府部门"试图"通过吸引外资的方式来推动中国煤炭产业发展，但因为国际煤炭价格在20世纪80年代中期出现较大幅度下跌，从而使得政府的努力成效不是很明显。后来中国政府利用了国内民间资本开采小煤矿来增加中国煤炭产量。但国内政府部门在1978—1992年试图利用外资推动煤炭产业变革，是没有疑问的。国内煤炭产业在20世纪80年代和90年代依然希望借助国际资金和技术来发展煤炭产业，也是没有疑问的。

三批能源贷款，总额共计 30.4 亿美元。[1] 其中比较大的贷款项目包括：贷款额度为 8 亿美元左右的准格尔露天矿项目一期工程项目（第二批日本能源贷款项目），贷款额度为 4 亿美元的山西平朔安家岭露天煤矿项目（第三批日本能源贷款项目），贷款额度为 4 亿美元的华能精煤公司活鸡兔矿井项目（第三批日本能源贷款项目）。除了日本能源贷款外，还有其他机构——如世界银行——也给中国煤炭产业提供了贷款。这些贷款不仅给中国煤炭业带来急需的资金，还有先进的技术和设备（因为这些贷款项目在提供贷款时，往往要求该贷款用来直接购买国外的先进技术设备，或以国际招标的方式购买设备）。

总之，改革开放初国内政府部门试图利用外资，以不触动国有煤炭工业部门既有利益的方式，提升中国煤炭产业技术和管理水平，扩大煤炭产量。本章下一部分，将指出全球化带来的国际竞争如何影响了国内煤炭产业市场化进程，而国内政府部门如何利用国际力量来推进煤炭产业市场化。

第三节　煤炭国企亏损、国际力量倒逼与煤炭产业市场化的深入

1993—2003 年是中国深入推进煤炭产业市场化的阶段，煤炭产业向强化自由竞争型产业政策转变。虽然 1993 年国家撤销能源部，并重新成立煤炭部，但相比 1988 年前的煤炭部，新煤炭部不仅编制大为缩减，而且不再直接干预煤炭企业经营。其主要工作不再是推出各种行政指令，而是制定煤炭产业规划和发展战略。[2] 1992 年中国政

---

[1] 煤炭工业部编：《中国煤炭工业年鉴：1994》，煤炭工业出版社 1995 年版，第 179 页。
[2] 国家煤矿安全监察局编：《中国煤炭工业发展概要》，煤炭工业出版社 2010 年版，第 103 页。

府提出："三年放开煤炭价格,三年收回补贴,把煤炭企业推向市场。"①"(1992年)是煤炭工业思想观念明显转变的一年。长期困扰中国煤炭工业的一些认识问题,如煤炭生产和经营要不要接受市场调节,统配煤矿企业能不能进入市场,企业怎样实现自负盈亏等,在很大程度上得到了解决。"②1998年国家再次撤销煤炭工业部,并进一步深化煤炭国企改革。

一 国家经济战略目标的深化与煤炭产业的发展导向

在国企亏损日益严重,以及国际力量越来越大的影响下,中国政府开始以建立现代企业制度和推进市场体系建设为目标的"建立社会主义市场经济体制"。煤炭产业作为亏损大户,成为效益改造的重要对象。此时国家对煤炭产业的政策目标,更加强调效益与发展。

二 煤炭国企亏损与政府部门推行市场化意愿的增强

中国煤炭国企长期持续亏损、低效,增强了国内政府部门推进煤炭产业市场化的意愿。原煤炭部工业部部长王森浩指出当时国家对煤炭产业的改革目标是在三年内"逐步收回财政补贴,并扭转全行业亏损的局面"。③

中国国有重点煤矿自1984年,已经连续13年全行业总亏损。④

---

① 孙勇、赵春毅:《煤炭工业大幅度减亏的奥秘是什么?煤炭工业部部长王森浩访谈录》,《企业改革与管理》1996年第12期。
② 张超文:《走向市场:中国煤炭工业面临的机遇和挑战——访中国统配煤矿总公司总经理王森浩》,《瞭望周刊》1993年第9期。
③ 张超文:《走向市场:中国煤炭工业面临的机遇和挑战——访中国统配煤矿总公司总经理王森浩》,《瞭望周刊》1993年第9期。
④ 1992年煤炭产业的亏损达到创纪录的57.5亿元。参见 Shen Lei, Tian-ming Gao and Xin Cheng, "China's Coal Policy Since 1979: A Brief Overview", *Energy Policy*, Vol. 40, 2012, pp. 274–281.

到 1997 年年底，国有重点煤矿首次扭转自 1984 年以来的行业连续总体亏损。但按照当时副总理吴邦国对煤炭部的批示，"93 个矿虽有 65 个矿盈利，但真正盈利的是 24 个矿，余 41 个矿基本属保本不亏，经不起市场的变化"。① 随后亚洲金融危机让国际煤炭市场价格下降，国内需求疲软，煤炭企业本已缩减的亏损变得更加严重。到 1998 年，国有煤矿的亏损额度在中国所有产业中排名第一（37 亿元的亏损额度是第二名纺织业亏损额度的两倍②），已成为政府的沉重负担。国内煤炭产业与国际竞争者相比，存在设备落后、从业人员文化水平低、生产安全状况差、企业社会负担重等现象。若中国加入 WTO，而国内煤炭企业"如果不大力调整煤炭工业结构，大幅度地提高煤炭工业效率、降低成本，不大幅度地提高产品的质量，国外优质价廉的产品将大量挤占国内市场，对我国煤炭工业造成重大冲击"。③

当时中国煤炭产业国际竞争力很弱（中国煤炭价格已高于或接近国际煤炭市场平均价格）。如中国煤炭开采条件不如澳大利亚等国（澳大利亚的露天煤矿比较多，开采成本比井口矿低很多），开采技术落后，主要煤炭产地离主要出海口又比较远（从而导致运费很高，而澳大利亚煤矿一般离港口比较近，到港口的运费比中国低很多），因此中国煤炭产业的国际竞争力其实很弱。1999 年，中国重点煤矿的劳动生产率只有 167t/年·人，而澳大利亚和美国分别为 10800 t/年·人和 11900 t/年·人。④ 而且当时中国生产的煤炭质量差：煤炭

---

① 中国煤炭工业协会：《中国煤炭工业改革开放 30 年大事记》，煤炭工业出版社 2009 年版，第 123 页。

② Huaichuan Rui, *Globalisation, Transition and Development in China: The Case of the Coal Industry*, London: Routledge, 2004, p. 82.

③ 中国煤炭工业协会编著：《WTO 与中国煤炭工业》，煤炭工业出版社 2002 年版，第 85 页。

④ 何金祥：《加入 WTO 对我国煤炭工业的影响》，《中国煤炭》2002 年第 10 期。

灰分较多，原煤入洗（指的是将原煤与杂质分离的步骤）率较低，与澳大利亚等国相比煤炭质量较差。当时我国国有重点煤矿不仅生产效率世界最低（1.28吨/工），而且生产效率提升速度（按1980—1998年算）也远低于英国、南非、澳大利亚和美国等国，中国与世界煤炭先进水平差距越来越大，"中国原国有重点煤矿企业全员生产效率只有美国的1.6%……吨煤成本已超过美国"，[1] "与先进产煤国家生产效率相差几十倍"。[2]

三 国际力量与政府部门推行市场化能力的增强

在国内煤炭国企亏损和全球化的影响下，国内领导人也有意利用国际力量倒逼能源国企改革，如借助加入世界贸易组织来倒逼国内煤炭企业改革。这也可以让人们将关注点更多放到民族工业与外国企业之间的国际竞争上，而非国企改革的意识形态问题上。

世界煤炭工业的私有化潮流增强了国内政府部门推动煤炭产业市场化的意愿。20世纪90年代以来，随着经济全球化的发展，各国之间煤炭贸易日益增加，之前很多补贴本国煤炭企业生产的国家，纷纷放弃补贴并对国营煤矿私有化（如1993年英国通过了煤炭私有化法案）或关闭亏损的私营煤炭企业（俄罗斯、捷克等）。如欧盟就在1993年决定建立各国用户自由选择最低价煤炭的统一交易市场，而各国需要废除补贴、贸易壁垒等。这些措施增强了国内政府部门推进中国煤炭产业市场化的意愿。

中国煤炭国企担心加入世界贸易组织并开放流通市场后，外国煤

---

[1] 中国煤炭工业协会编著：《WTO与中国煤炭工业》，煤炭工业出版社2002年版，第86页。
[2] 中国煤炭工业协会编著：《WTO与中国煤炭工业》，煤炭工业出版社2002年版，第67页。

炭企业会抢占中国市场。国内煤炭主要消费区在华南和东南沿海等地，国内主要煤炭供给区在山西、内蒙古、陕西等地，从北方到南方的长途运输成本很高。而澳大利亚很可能抢占中国南方的煤炭市场，因为澳大利亚的煤炭生产效率高，运费低，离中国东南沿海相对比较近。在中国关税减让的情况下，澳大利亚运至中国东南沿海的煤炭价格已经低于中国内地运至东南沿海的煤炭。而且在加入WTO后，东南沿海地区不仅可能会更多依靠海外的优质煤炭（如澳大利亚优质煤），而且可能会进口更多更清洁的天然气来发电，以至于有可能进口更多石油（当时油价还很便宜，容易与煤炭形成竞争）来发电，这些都会对国内的煤炭产业造成重大的竞争压力。当时国内认为加入世界贸易组织后，国外煤炭公司（如澳大利亚、印尼等国）对中国珠三角地区、东南和华南沿海地区的煤炭市场的争夺，将会变得非常激烈。[1]

中国积极申请加入世界贸易组织给煤炭国企带来的压力，还在于中国在申请加入世界贸易组织时承诺，在加入后会进一步放开外资对中国煤炭产业的投资政策，如中国可能需要按照通行规则取消对外资企业的"出口实绩要求和技术转让要求"，[2] 外资可能会利用中国廉价劳动力，"加大对中国……煤矿的（投资）规模，凭借管理、技术和效率成本等优势在国际国内两个市场上同国有煤矿展开竞争"。[3]

---

[1] 中国煤炭工业协会编著：《WTO与中国煤炭工业》，煤炭工业出版社2002年版，第93页。十多年后，这种估计变成了现实，2011年中国成为世界第一大煤炭进口国，2012年中国进口煤炭2.89亿吨，虽然只占当年中国煤炭总消费量的8%左右，却极大地影响了国内煤炭价格。而且进口煤到货速度很多时候比国内煤炭还快，因为从网上下电子单后，不少供货地的煤炭大概一个星期就可以到达中国港口。而国内煤炭企业组织生产完还需要申请车皮，效率还不如直接从国外进口煤炭。

[2] 中国煤炭工业协会编著：《WTO与中国煤炭工业》，煤炭工业出版社2002年版，第81页。

[3] 陈庆禄、裴新政：《中国加入WTO对煤炭企业的影响及对策初探》，《煤炭经济管理新论》2002年第2期。

当时中国政府做的其他承诺,也产生了倒逼煤炭国企改革的效果。如中国承诺取消关贸总协定(世界贸易组织)所不允许的出口补贴,取消中央政府对亏损煤炭国企的补贴;加入世界贸易组织后放开铁路经营权。外资在中国加入世界贸易组织的当年就可以设立铁路经营合资企业,加入世界贸易组织3年后就可以设立外资控股的铁路合资企业,6年后可以设立外商独资企业经营铁路运输。这给国有煤炭企业很大压力,以前国有煤炭企业因为其国有地位,比较容易拿到火车车皮,从而在煤炭运输上更有优势,但中国在入世方面开放铁路经营权的承诺,会使其他所有制的煤炭企业在煤炭运输上增强竞争力。

加入世界贸易组织后还可能意味着其他产业引进更多先进技术,直接进口(而不是在国内生产)更多高耗能的产品(如钢铁):引进的先进技术会降低国内煤耗,而进口高耗能产品则会间接减少国内煤炭需求。

总之,"留给国有煤炭企业改革的时间已经不多了……我们必须认清形势,转变观念,要有危机感、紧迫感,抓紧时间进行煤炭企业的现代企业制度改革,实现制度创新,避免由于延误时机而犯历史性的错误。"[①]

四 国内政府行为:煤炭产业的全面市场化

中国国内政府部门,正是在某种程度上利用了加入世界贸易组织,推动了煤炭企业的改革。改革主要包括三个方面,一是在煤炭行业建立现代企业制度;二是建立煤炭安全监察制度,政府从干预煤炭

[①] 中国煤炭工业协会编著:《WTO与中国煤炭工业》,煤炭工业出版社2002年版,第102页。

经营生产到只监管煤炭安全问题；三是进一步完善煤炭市场定价，取消电煤国家指导价。

在建立现代企业制度方面，国家着重改革煤炭企业经营机制，对国有大中型煤炭企业实行公司化、法人化改革，"建立现代企业制度，主要是建立企业法人制度、有限责任制度和法人治理结构"。① 在1998 年，国务院将国有重点煤矿下放到地方管理，对扭亏无望的煤矿则实行政策性破产（政策性破产的特点在于破产企业的资产首先用来安置下岗工人，而非偿还银行贷款，以维护社会稳定）。自1999 年开始，很多资源枯竭和扭亏无望的煤矿企业被实行政策性破产。如1999 年1 月11 日，国家决定对吉林蛟河煤矿、营城煤矿等8 个煤矿实行破产，对抚顺矿务局龙凤矿等60 多处矿井进行关闭，对其他四个矿井实行兼并政策。② 到2000 年年底，"国有重点煤炭企业全部实现了公司制改造"。③ 同时还有不少煤炭企业实现了上市。如兖矿集团下属的兖州煤业股份有限公司，于1998 年在纽约、香港和上海三地上市；郑州矿务局在1996 年改制为有限责任公司，并于1998 年1 月18 日在 A 股上市等。到2001 年，全国规模以上④煤炭企业扭亏为盈。

在煤炭产业监管方面，中国减少了对煤炭产业的经济干预，还在煤炭领域实行安全监察制度，以维护正常的市场秩序。国务院于1998 年撤销了煤炭工业部，将其改组为国家煤炭工业局。1999 年国

---

① 本刊评论员：《加快推进国有煤炭企业改革》，《煤炭经济研究》1997 年第12 期。
② 中国煤炭工业协会：《中国煤炭工业改革开放30 年大事记》，煤炭工业出版社2009 年版，第138 页。
③ 国家煤矿安全监察局编：《中国煤炭工业发展概要》，煤炭工业出版社2010 年版，第115 页。
④ 规模以上是统计术语，特指在一定规模以上（如500 万营业额或2000 万营业额）的企业才纳入统计范畴。

家设立国家煤矿安全监察局,与国家煤炭工业局一个机构、两块牌子。不过在2001年国家煤炭工业局被撤销,成立国家安全生产监督管理局,与国家煤矿安全监察局一个机构,两块牌子。这样一来,煤炭部(工业局)作为单一经济管理部门完全被撤销,只剩下安全监管机构。政府在试图退出对煤炭产业的经济干预的同时,依然在维护煤炭生产的安全标准,保护正常的市场秩序。

在煤炭定价机制方面,1994年国家放开除电煤外的所有煤炭价格;2002年国家取消了电煤指导价,从而至少在名义上,所有煤炭价格都不再实行行政定价。

总之,在建设社会主义市场经济的大背景下,煤炭国企的亏损和全球化带来的压力,推动了国内煤炭产业变革,而国内政府部门也利用了WTO等国际力量进一步推动煤炭产业市场化。

第四节 煤炭产业安全、国际竞争与煤炭产业的安全转向

2003—2012年,中国的煤炭产业政策从之前强调煤炭国企"效益和发展",转而开始强调"国家能源安全"(煤炭产业安全)。这在很大程度上缘于:一是煤炭国企对国际资金、技术和管理经验的依赖大幅下降,其效益逐渐提升,不再是政府的负担;二是国内政府部门担忧国内煤炭企业能否保障国家煤炭安全。为此国家不仅从煤炭进出口政策、煤炭外资政策等方面加强国家煤炭安全,而且还通过扶持大型国有煤炭集团和整顿小煤矿来提升对煤炭产业的控制力。

一 国家经济战略目标的进一步深化与煤炭产业的安全转向

此时社会主义市场经济体制在中国已初步建立,国家开始把重心

转移到对这种体制的完善方面。国家对国有资产的管理方式也发生了变革，2003年国家成立国资委，之后国有经济开始了战略性布局调整。2004年发生的有关国有资产流失的"郎顾之争"，影响了中央高层对待国有企业改革的思路。国有企业不再单纯推进市场化，也强调做大做强。

二　国际力量与中国煤炭产业的安全转向

在2003年后，中国煤炭产业盈利能力大幅上升，煤炭国企在资金和技术方面已有很大提升，对国际资金、技术和管理经验的依赖程度降低。如此时神华集团屡屡创下生产方面的世界纪录。在2004年，神华分别刷新了煤矿年产世界纪录、煤矿单井年产世界纪录、综采工作面年产世界纪录。2004年神华欲与沙索（Sasol：一家南非能源公司）合作开发煤炭液化项目，但沙索一直想以自己的技术逼神华让步，最后神华利用自己开发的技术自行建设了一个煤制油（即煤炭液化）项目。

国内政府部门也开始警惕国际力量进入/控制中国煤炭产业。1998年山西晋城大宁煤矿因缺少资金和技术，引入了外资亚美大陆煤炭公司（美国公司），成立了亚美大宁公司。而后美方凭借技术和资金优势，取得了亚美大宁的控股权。这反映了当时外资相对于国有煤炭企业的强势地位。但在2006年山西省准备对外公开拍卖3个煤矿（其中包括两个亿吨级的煤矿）时，却因为有外资的介入而被山西省主管部门叫停。这反映出中国开始对外资警惕了。随着中国外汇储备等各种资金的增长（中国外汇储备在1978年只有1.67亿美元，在1993年也只有212亿美元，而在2006年已超过1万亿美元），国内政府部门已经不会单纯因为资金问题而对外资做出大的让步。

油价的上涨，使得煤炭产业成为保障中国能源安全的重要力量。虽然中国煤炭储量较为丰富,但石油供应安全的严峻形势,以及煤制油技术的不断成熟,使得中国政府开始把控制煤炭产业视为应对石油供应安全的重要方式。煤炭工业部原副部长王显政 2005 年时表示,中国在 2003 年进行的煤制油(煤炭液化)可行性研究指出中国进行煤炭直接液化的成本大约为 20 美元,[①] 在国际油价高涨时,煤制油可以成为保障中国石油安全的重要手段。这也使煤炭在中国能源安全中的战略意义进一步上升,从而增强了国内政府部门控制煤炭产业的意愿。

虽然国内政府部门曾为减少国企亏损,而利用加入世界贸易组织等倒逼国内产业改革。但在中国真正加入世界贸易组织之后,尤其在煤炭国企开始扭亏为盈之后,决策者又将重心放在了应对入世带来的"国家能源安全"(煤炭产业安全)风险上。在加入世界贸易组织后,国内政府部门担心中国煤炭产业缺乏国际竞争力、缺乏对国内煤炭产业的控制力,而使中国煤炭产业面临安全方面的问题,因此中国政府一方面试图扶植大型煤炭集团,另一方面试图关闭分散的、无序竞争的小煤矿,以增强国有煤炭企业的国际竞争力和对国内煤炭产业的控制力。2001 年国务院副总理吴邦国参加上海宝钢集团联合重组经验座谈会时指出:"要参与国际竞争,我国还缺少这样一批具有国际竞争力的大公司和企业集团。当今国际经济的竞争,讲透了就是跨国公司之间的竞争,没有这样的公司,就无法和国际跨国公司竞争,也无法应对我国加入世界贸易组织的挑战。"[②]

国内政府部门认为中国煤炭产业的低集中度,使中国煤炭产业的效率比不上美国等国。但政府又无足够时间依靠市场自由竞争提高产业集中度并形成有竞争力的大型煤炭企业,也担心自由竞争形

[①] 王显政:《煤炭工业现代化的探索与实践》,煤炭工业出版社 2010 年版,第 103 页。
[②] 吴邦国:《吴邦国副总理在上海宝钢集团联合重组经验座谈会上的讲话》,《中国经贸导刊》2001 年第 12 期。

成的大型煤炭企业不受政府控制（进而威胁国家能源安全），所以政府在这个过程中，更多地是利用了行政力量而不是市场手段。

随着国内政府部门从注重扭转国有煤矿亏损转向注重保障煤炭供应安全，中国煤炭产业很多具体政策也发生了很大转变，如从鼓励国内煤炭出口到不再鼓励；从外资可以控股国内煤炭企业到不能控股；同时还鼓励煤炭企业"走出去"，参与境外煤炭资源并购。

（一）出口政策：从鼓励到限制

1999年，国家为了鼓励煤炭出口，而将煤炭出口退税率从9%上调到13%，免征部分运煤路线铁路建设基金和部分港口建设费；2001年国家将减免铁路建设基金和港口建设费政策的执行期限由2001年3月31日延长至2003年3月31日，[①] 2003年后又延至2005年年底。[②] 然而在2003年那次政策延期后不久，国务院考虑到国内煤炭供应开始紧张，进而在2003年10月14日将煤炭出口退税税率从13%下调到11%。2006年11月，国务院决定对煤炭、焦炭、原油等4项能源类产品加征5%的出口关税，同时煤炭、成品油等资源性产品的进口税率从3%—6%降到0—3%[③]，意图借此鼓励煤炭、成品油的进口，而限制煤炭、原油的出口。2007年12月26日，中国将煤焦油出口关税从10%上调到15%，焦炭和半焦炭的出口关税从15%上调到25%。到2008年8月，国务院再次提高煤炭出口关税税率，焦炭出口暂定税率上调为40%，炼焦煤从5%上调为10%，其他烟煤为

[①] 国家计委、财政部：《关于延长鼓励煤炭出口政策执行期限的通知》，计价格〔2001〕53号，2001年1月19日颁布。

[②] 国家发展计划委员会：《关于延长煤炭出口鼓励政策执行期限的通知》，计价格〔2003〕309号，2003年2月28日颁布。

[③] 财政部：《我国调整部分进出口商品暂定关税税率》，2006年10月27日，财政部网站（http://www.mof.gov.cn/zhengwuxinxi/caizhengxinwen/200805/t20080519_24541.html）。

10%，以确保国内煤炭供应安全。

国家限制煤炭出口、鼓励煤炭进口的政策，推动中国煤炭进口数量不断增长。到 2009 年，中国进口煤炭约 1.26 亿吨，出口煤炭约 0.22 亿吨，净进口约 1.04 亿吨。2010 年中国进口煤炭约 1.65 亿吨，出口煤炭约 0.19 亿吨，净进口约 1.44 亿吨。中国在 2011 年开始超过日本，成为世界上最大的煤炭进口国，净进口量为 1.68 亿吨。2012 年中国煤炭进口量为 2.89 亿吨，[①] 占当年国际煤炭贸易总量（12.76 亿吨）的 23%。

（二）外资政策：从鼓励到限制

2003 年后中国煤炭价格一路上涨，这时有不少外资开始对中国煤炭产业感兴趣——之前因为中国煤炭产业长期亏损，虽然国内政府部门试图吸引外资进入中国煤炭产业（如平朔安太堡项目），但最终获得的更多是国外政府贷款而不是外商直接投资。2004 年，英美资源集团（Anglo American：总部在伦敦的采矿、资源类公司）就与陕西省煤田地质局成立了合资公司，2006 年时准备投资 40 亿美元，在陕西开展煤炭开采与加工项目。同时英美资源集团还准备与陕西煤田地质局共同开发陕西西湾的露天煤矿，"由英美资源集团持有多数股权"。[②] 2004 年巴西淡水河谷公司意图与永煤、宝钢共建一家股份制煤炭公司，2005 年美国皮博迪能源公司（Peabody Energy，当时世界上最大私人上市煤炭公司）在北京正式设立代表处，2006 年壳牌也准备在宁夏投资一个 50 亿美元的煤炭液化厂，另外韩国的浦项钢铁、

[①] 2013 年和 2014 年中国煤炭进口分别为 3.27 亿吨和 2.9 亿吨。其中 2014 年进口量下降主要是因为国家在 2014 年出台了限制进口煤炭的政策。因为国内政府部门开始认为在国内煤炭滞销的情况下，过多进口海外煤炭，会削弱中国煤炭产业的安全，故而提升了煤炭进口关税（之前是零关税）。2014 年第四季度国家发改委要求减少进口煤炭 4000 万吨，并将其中要求减少的 2000 万吨作为任务分配给国内九家大型发电集团。

[②] 高杰：《外资相中内地煤炭资源》，《中国煤炭报》2006 年 12 月 1 日第 2 版。

日本的伊藤忠商事株式会社都准备投资中国煤炭产业。

但形势发生了变化。2006年12月5日，国资委发布《关于推进国有资本调整和国有企业重组的指导意见》，指出要"推动国有资本向重要行业和关键领域集中，增强国有经济控制力"。[①] 随后，12月18日，国资委主任李荣融指出，按照国资委的部署，国有经济应对煤炭、石油石化和电网电力等七大行业保持绝对控制力。[②] 之后中国煤炭产业对外资政策收紧。2004年前，外资进入中国煤炭产业均可控股（除了焦煤领域）。但2006年煤炭产业被列入国有经济需要绝对控制的领域后，外资已失去控股中国煤矿的机会。2006年，山西开始公开拍卖三个煤矿，其中两个是亿吨级煤矿。但后来该拍卖因为有大量外资进入而被紧急叫停。按照山西省国土资源厅官员的说法："从山西煤炭规划长远考虑，外资不适合获得采煤权。"而当时山西的亚美大宁事件正炒得火热，许多人认为让外资亚美大陆煤炭公司控股山西大宁煤矿，导致了严重的国有资产流失（有报道称1998年亚美大陆投资大宁煤矿只花了3000万美元，而该矿实际价值后来达到14亿元人民币）[③]。到2007年年初，山西省出台规定，外资在山西不能控股煤炭公司。而当时山西的煤炭整合，也明确以山西大型国有煤炭企业为主体，不让外资和民营企业控股。而之前英美资源集团准备投资陕西西湾的40亿美元项目也流产。在商务部发布的《外商投资

---

① 国资委：《国务院办公厅转发国资委关于推进国有资本调整和国有企业重组指导意见的通知》，国办发〔2006〕97号，2006年12月5日（http://www.gov.cn/gongbao/content/2007/content_503385.htm）。

② 国资委：《国有经济应保持对七个行业的绝对控制力》，中华人民共和国中央人民政府网站（http://www.gov.cn/jrzg/2006-12/18/content_472256.htm）。

③ 到2011年3月，央企华润集团收购了亚美大宁的外资控股部分，成为亚美大宁的控股股东，亚美大宁重新成为国有控股公司，参见詹铃《外资控股煤企十年轮回》，《21世纪经济报道》2012年1月4日第18版。

产业指导目录》[①] 2004 年修订版中，"煤炭及其伴生资源的勘探、开发"尚属于鼓励类，而在该目录 2007 年修订版中，"煤炭及其伴生资源的勘探、开发"已经不再列入鼓励类。

此时中国不再像改革开放初那样，对煤炭外企带来的资金、技术和现代化管理那么渴求；同时中国越来越重视自身的能源（煤炭）安全，对煤炭外资进入上游开采领域持非常谨慎的态度。之前那种"以资源换技术""以资源换资金"的方式已被摒弃。而后中国政府在主要煤炭产区进行以国有大型煤炭企业为主体的兼并重组，外资更没有进入的机会了。因此在亚美大宁事件之后，再无其他外资控股过中国煤矿。

（三）鼓励煤炭企业"走出去"

除了防止国际力量控制中国国内煤炭产业外，国家也鼓励中国煤矿企业"走出去"，以提升中国能源安全。如 2005 年国务院在《促进煤炭工业健康发展的若干意见》第十一条中，就"鼓励大型煤炭企业到境外投资办矿，带动煤炭机械产品出口和技术、劳务输出，提高我国煤炭工业的国际竞争力"。[②] 在 2012 年《煤炭工业发展"十二五"规划》中，国家再次重申支持国内煤炭企业"走出去"，"研究设立境外投资专项资金，对国家鼓励的境外煤炭重点投资项目给予支持"，"支持优势煤炭企业参与境外煤炭资产并购，加大境外煤炭资源勘查开发力度，提高境外权益煤炭产能"。[③] 中国煤炭企业中，实

[①] 商务部曾于 1995 年发布《外商投资产业指导目录》，将中国的产业对外商投资的态度分为鼓励类、限制类和禁止类。商务部在 1997 年、2002 年、2004 年、2007 年、2011 年分别修订了该目录。

[②] 国务院：《关于促进煤炭工业健康发展的若干意见》，国发〔2005〕18 号，2005 年 6 月 7 日（http://www.gov.cn/zwgk/2005-09/08/content_30251.htm）。

[③] 国家发改委：《煤炭工业发展"十二五"规划》，2012 年 3 月，第 21、28 页（http://zfxxgk.nea.gov.cn/auto85/201203/W020120322368710161760.pdf）。

施"走出去"战略最成功的是兖矿,而神华集团也在"走出去"方面做出了很大努力,但因为种种原因收获没有兖矿大。

以山东兖矿的"走出去"之路为例。2004年12月,兖矿收购澳大利亚南田煤矿,并更名为澳思达煤矿。在2009年,兖矿再次全资收购20亿吨煤炭储量的澳大利亚菲利克斯资源有限公司(Felix Resources Limited),收购价格为33亿澳元。随后,兖矿又收购了澳大利亚新泰克资源公司、普力马煤矿、格罗斯特公司等。2011年的时候,兖矿集团煤炭总产量的1/3源于兖煤澳洲公司。2012年兖煤澳洲公司与格罗斯特公司合并上市,并成为澳大利亚最大独立煤炭上市公司。到2014年,兖矿在澳大利亚的煤炭年生产能力已达4600多万吨,接近兖矿煤炭年总生产能力的一半,在澳大利亚拥有煤炭资源总量达到53亿吨。除了兖矿外,开滦煤矿的"走出去"也比较成功。开滦煤矿在加拿大投资了两块整装煤田,合计煤炭储量为50亿吨。[1]

三 煤炭国企效益提升及在维护国家煤炭安全中地位的提升

此时煤炭国企地位的提升至少有两个重要原因:一是煤炭企业的经营状况大幅好转,不仅扭转了多年亏损,而且开始了持续大幅度的盈利。1998年时煤炭国企出现全行业严重亏损。2003年煤炭行业大型规模以上企业(基本上是煤炭国企)已实现盈利57亿元。此后其利润一路上升,到2011年全国煤炭工业大型以上企业(基本上是煤炭国企)利润已高达2029亿元。[2] 煤炭国企盈利能力的增强,使其

---

[1] 参见开滦集团网站《开滦集团海外资源扩张步伐越走越快》(http://www.kailuan.com.cn/wbwzgl/files/2010/10/1_20101021154409.htm)。

[2] 数据来源于中国煤炭工业年鉴审委员会:《中国煤炭工业年鉴2004》,中国煤炭工业出版社2004年版,第72页;中国矿业年鉴编辑部:《中国矿业年鉴2012》,地震出版社2012年版,第52页。

成为政府部门（尤其是山西这种省份）的重要财政支柱，从而显著地提升了其地位。二是国家为了维护煤炭产业安全，需要借助大型煤炭国企的力量，从而提升了其地位。

四 国内政府行为：扶持大型煤炭国企，整顿小煤矿与政府行政介入的加强

在这个阶段，国内政府部门通过建立大型煤炭企业集团来提升对煤炭产业的控制力，进而保障煤炭供应安全。

（一）扶持大型煤炭集团的重要政策

2003年1月29日，国务院第149次总理办公会议提出"利用国债资金重点支持大型煤炭基地建设，促进煤电联营，形成若干个亿吨级煤炭骨干企业"[1]。

2005年《国务院关于促进煤炭工业健康发展的若干意见》指出，要加快大型煤炭基地建设，同时要淘汰小煤矿，"坚持发展先进生产能力和淘汰落后生产能力相结合的原则"[2]。此后全国开始兴起整合大型煤矿及整顿小煤矿的高潮。

2006年12月5日，国资委发布《关于推进国有资本调整和国有企业重组的指导意见》，指出要"推动国有资本向重要行业和关键领域集中，增强国有经济控制力"，随后，12月18日，国资委主任李荣融指出，按照国资委的部署，国有经济应对煤炭、石油石化和电网电力等七大行业保持绝对控制力。[3]

---

[1] 中国煤炭工业协会：《中国煤炭工业改革开放30年大事记》，煤炭工业出版社2009年版，第171页。

[2] 国务院：《关于促进煤炭工业健康发展的若干意见》，国发〔2005〕18号，2005年6月7日（http://www.gov.cn/zwgk/2005-09/08/content_30251.htm）。

[3] 国资委：《国有经济应保持对七个行业的绝对控制力》，中华人民共和国中央人民政府网站（http://www.gov.cn/jrzg/2006-12/18/content_472256.htm）。

2007年1月15日，国家发改委在《煤炭工业发展"十一五"规划》（2006—2010年）中，明确提出煤炭工业发展的主要任务是"建设大型煤炭基地，培育大型煤炭企业集团，整合改造中小型煤矿"①提高大型煤炭企业集团对国内市场的控制力和国际竞争力，"提高国家对煤炭资源的控制力和对煤炭市场的调控力，保障煤炭供应安全"。②

2007年8月，国家发改委等五部门联合印发《关于促进煤炭企业组织结构调整的指导意见》，指出到"十一五"末期，全国要"形成6—8个亿吨级和8—10个5000万吨级大型煤炭企业集团，煤炭产量占全国的50%以上，（要）以现有的国有大型煤炭企业集团作为战略重组的主体"。

2006—2007年两年，全国关闭了将近一半的小煤矿。

2008年10月，为了完成2010年年底全国关闭小煤矿的最低目标，国家发改委、国家能源局、国家安监总局和国家煤监局四机构共同发布了《关于下达"十一五"后三年关闭小煤矿计划的通知》。该通知规定：全国小煤矿的数量当时有14069家，到2010年年底要减少到9952家。该通知提前分配了各省区被关闭、被扩建或被托管的小煤矿数量，以及各省区在2010年年底最终保留的数量。

2012年3月，国家发改委在《煤炭工业发展"十二五"规划》中，指出煤炭产业是"关系国家经济命脉和能源安全的重要基础产业"，并明确到"十二五"期间煤炭生产要"进一步向大基地、大集团"集中，要进一步推动煤炭企业走出去。

---

① 国家发改委：《煤炭工业发展"十一五"规划》，前言，2007年1月（https://www.ndrc.gov.cn/fggz/fzzlgh/gjjzxgh/200709/P020191104623143872775.pdf）

② 国家发改委：《煤炭工业发展"十一五"规划》，第13页，2007年1月（https://www.ndrc.gov.cn/fggz/fzzlgh/gjjzxgh/200709/P020191104623143872775.pdf）。

(二) 扶持大型煤炭集团政策出台背景

21世纪初世界煤炭贸易主要掌握在几个大型煤炭企业手里："2001年力拓、必和必拓、英美资源集团三家公司占当时全球煤炭交易额的62%"。① 相比美国等国，中国煤炭产业集中度很低：2001年中国前十大煤炭企业的市场份额为21%，"美国前五大煤炭企业煤炭产量占所占市场份额为51%"，② 远高于中国。

按照煤炭工业部科技司原司长胡省三的说法，中国组建大型煤炭企业集团，很大程度上是为了应对加入世界贸易组织后参与国际竞争的需要。③ 他指出："随着我国加入世贸组织，世界煤炭跨国公司和投资银行，已把我国的煤炭企业作为收购整合的目标。我国煤炭企业如此分散的状况，已经很不适应国际竞争的大格局和大趋势。如果不尽快组建一批实力强大、能与外国跨国煤炭公司抗衡的大集团，我国的煤炭企业将可能被外国跨国公司所整合。一旦国家失去对煤炭工业的控制，将会危及社会稳定和能源安全的大局。"④ 煤炭工业部原副部长、山西省副省长王显政也指出："实施大集团、大公司战略……是（中国）应对加入WTO、迎接经济全球化竞争挑战而做出的战略决策。"⑤ 他在任山西省副省长时指出："当今国际经济竞争，说透了就是跨国公司的竞争。我省（山西省）如果没有几个特大型煤炭企

---

① Huaichuan Rui, *Globalisation, Transition and Development in China: the Case of the Coal Industry*, London: Routledge, 2004, p. 107.

② Huaichuan Rui, *Globalisation, Transition and Development in China: the Case of the Coal Industry*, London: Routledge, 2004, p. 110.

③ 参见胡省三、成玉琪《煤炭工业的发展必须实施大集团战略》，载国家煤矿安全监察局编《中国煤炭工业年鉴.2004》，煤炭工业出版社2005年版。还有不少研究者也持这种看法，参见 Lei Shen, Tian-ming Gao and Xin Cheng, "China's Coal Policy Since 1979: A Brief Overview", *Energy Policy*, Vol. 40, 2012, pp. 274–281.

④ 胡省三、成玉琪：《煤炭工业的发展必须实施大集团战略》，载国家煤矿安全监察局编：《中国煤炭工业年鉴.2004》，煤炭工业出版社2005年版。

⑤ 王显政：《煤炭工业现代化的探索与实践》，煤炭工业出版社2010年版，第48页。

业集团,就无法和国际跨国公司竞争,也没有能力应对我国入世后的挑战。"①

中央政府其实很早就强调在煤炭业建立大型企业集团,但当时强调要利用市场手段而非行政手段。如2001年10月17日时任国务院副总理的吴邦国专程赴兖矿考察,指出我们煤炭工业要以兖矿、神华等大型煤炭企业为主体,建立大型煤炭企业集团。② 同时,2001年5月16日,吴邦国在出席上海宝钢集团联合重组经验座谈会上指出:要发展大型企业集团,但不能搞行政撮合,"现在已经基本具备了通过市场形成有较强国际竞争力的企业集团的条件",③ "朱镕基同志在国家经贸委近期工作要点上有明确批示,强调企业集团的形成不能搞行政撮合、不能搞拉郎配"。④

但后来在意图实现煤炭企业整合、提高煤炭产业集中度的过程中,出于能源安全问题的紧迫性,中国政府主要依赖的还是更易掌控、也更迅速的行政力量。山西省实行的"大矿整合小矿"的政策就是如此。

(三)扶持大型煤炭集团、整顿小煤矿的案例:以山西为例

山西省煤矿的整合,是中国煤矿业整合的一个缩影。山西多年位居中国第一产煤大省,曾有"世界煤炭看中国,中国煤炭看山西"一说。而直到今天,山西的煤炭管理体制,按照2015年1月山西省自己出台的《关于深化煤炭管理体制改革的意见(公开征求意见

---

① 王显政:《煤炭工业现代化的探索与实践》,煤炭工业出版社2010年版,第48页。
② 罗锡亮:《吴邦国在兖矿考察时指出:建立核心竞争力强的大企业集团》,《中国煤炭报》2001年10月23日第1版。
③ 吴邦国:《吴邦国副总理在上海宝钢集团联合重组经验座谈会上的讲话》,《中国经贸导刊》2001年第12期。
④ 吴邦国:《吴邦国副总理在上海宝钢集团联合重组经验座谈会上的讲话》,《中国经贸导刊》2001年第12期。

稿)》所言，存在"行政干预过多，审批事项繁杂……政企政事不分，权力寻租设租，甚至官商勾结"等问题。①

2003年后山西省对煤矿业的整合，经历了几个不同时期：2006年山西省出台了《煤炭资源整合和有偿使用办法》，除对煤炭资源进行整合外（规定由核定生产能力30万吨/年以上的煤矿，整合核定生产能力小于9万吨/年的小煤矿），还开始规定资源的有偿使用原则："通过行政审批取得采矿权的采矿权人，除缴纳采矿权使用费外，还应当依法缴纳采矿权价款。"② 2009年山西省又进行了大规模的煤矿资源重组，并规定重组后的企业规模不得低于300万吨，到2010年的时候单井规模不得低于90万吨。③ 而之前确定2010年年底保留矿井1500座，这次降为1000座。④ 按照山西煤炭整合规划，山西准备打造4个5000万吨级、3个亿吨级的煤炭企业，这几个企业要占到山西煤炭产量的75%。

山西煤炭业的整合主要通过行政手段实现。每个市保留多少座矿井由省里分配名额。2009年山西省政府不仅规定了并购重组完成期限（必须在当年9月底签订重组协议），而且还规定了并购交易价格（2006年前投资的矿按原价，2006年后投资的矿按原价的50%）。2010年11月山西省政府曾发文要求各县市在当年年底将煤矿整合完毕，否则要问责当地县市负责人。

山西的小煤矿整合，跟扶持大型煤炭企业集团，其实是硬币的正反

---

① 山西省人民政府办公厅：《关于深化煤炭管理体制改革的意见（公开征求意见稿）》，2015年1月13日，山西省人民政府网站（http://www.shanxigov.cn/n16/n8319541/n8319642/n8323181/18582087.html）。
② 山西省人民政府：《煤炭资源整合和有偿使用办法》，山西省人民政府令（第187号），2006年2月28日。
③ 山西省人民政府：《山西省煤炭产业调整和振兴规划》，晋政发〔2009〕18号。
④ 山西省人民政府：《关于进一步加快推进煤矿企业兼并重组整合有关问题的通知》，晋政发〔2009〕10号。

面。而整顿这些小煤矿的主体，正是山西省政府意图打造的大型煤炭企业集团，即通常所说的5+2：山西焦煤、同煤集团、阳煤集团、晋煤集团、潞安集团，再加上山西省煤炭运销集团、山西煤炭进出口集团。那些被整合的小煤矿资源，大多被政府分给了山西国有大型煤炭集团。如山西省煤炭运销集团得到了1.19亿吨的产能，而其他如焦煤集团、同煤集团、晋煤集团、潞安集团等在整合后分别得到二千多万吨到三千多万吨不等的产能。[①] 整合后山西国有大型煤炭企业产能在山西省煤炭产能中的占比从40%上升到70%。到2013年，山西省一共有6家企业入围世界五百强，全部是上面提到的几家煤炭整合主体（中国在2014年共有11家煤炭企业进入世界五百强，全部是国企，其中山西占了6个）。

山西煤炭重组在2009年的加速，也与2009年中国煤炭进口形势变化有关。2009年上半年中国开始大量进口煤炭，5月进口943万吨，6月份进口1607万吨并创下有史以来单月进口最高纪录。而与此同时，国内煤炭却出现滞销，国内煤企面临海外进口煤的巨大压力。为此国内政府部门加快了煤炭产业重组的步伐。8月28日，国家安监总局联合14个部委下发《关于深化煤矿整顿关闭工作的指导意见》，同日山西省下发《关于加快兼并重组整合煤矿改造建设工作的安排意见》，两份意见都强调要"加快"煤炭重组的步伐，山西省出台的意见还给出了兼并重组必须完成的"最后期限"。[②] 按照山西省政府发展研究中心主任李劲民的说法，山西煤炭产业整合是增加煤炭产业生产安全、将煤炭企业发展成参与国际竞争主体的需要。[③]

[①] 杨立宏等：《山西煤炭整合收官，哪些上市公司受益大？》，《上海证券报》2009年12月18日第F15版。

[②] 胡亮：《山西煤炭企业重组进入"超车道"》，《中国经济时报》2009年8月31日第9版。

[③] 李劲民：《被误读的"国进民退"：对山西煤炭企业兼并重组若干问题的思考（上）》，《中国经济时报》2009年11月3日第12版。

总之，随着煤炭国企盈利能力的上升、国内煤炭产业部门对国际资金和技术依赖的下降，以及忧虑当下国内煤炭企业能否保障国家煤炭产业安全，国内政府部门推行了煤炭重组等一系列政策。

本章小结

中国煤炭产业在改革开放后，开始了市场化历程，中间经历了大幅度的市场化，后来因煤炭安全而对市场化更谨慎。中国煤炭产业在改革开放初期曾试图利用引入外资来发展中国煤炭产业；在1992年后，一方面是煤炭国企的长期巨额亏损，增强了国内政府部门推动能源产业市场化的意愿，另一方面国际力量增强了国内政府部门推进能源产业市场化的能力，这个时期中国煤炭产业市场化得到大幅度推进；而在2003—2012年，一方面是煤炭国企的效益得到提升、国内煤炭产业对国际资金和技术依赖下降；另一方面是国内政府部门对外资可能威胁中国煤炭产业安全更为敏感，出于维护中国能源（煤炭）安全和快速参与国际竞争的需要，政府不再如之前那样执着于煤炭产业市场化，而是更注重维护煤炭产业安全。

第六章　结语

中国能源产业在1978—1992年初步市场化，在1993—2002年进行了大幅度的市场化，而在2003—2012年市场化处于暂缓状态。为什么国内政府部门在1993—2002年成功推动了大幅度的能源产业市场化，而在2003—2012年却不去推动或者没能推动大幅度的能源产业市场化？

通过前面三个案例的分析，本书至少在一定程度上证明了这样一种观点：改革开放以来中国的能源产业市场化进程，很大程度上源于国内政府部门、能源国企与国际力量三者之间的互动——国内政府部门是占主导性的力量，但也受到国内利益（以能源国企为代表）约束以及国际力量（国际制度和国际能源市场权力结构）的约束，同时国内政府部门也试图利用这两种力量来达到自身的目标，追求自身的自主性。国内政府部门、能源国企、国际力量三者之间的互动，在相当程度上塑造了中国能源产业变迁。

前面描述的石油、电力、煤炭三个案例还证实当能源国企效益低下，而国际力量对中国能源产业以积极影响为主（国内能源产业对国际资金、技术依赖程度高、国际力量对中国能源安全威胁程度低）时，国内政府部门更倾向于推动大幅度的市场化；当能源国企效益大幅提升，而国际力量对中国能源产业以消极影响为主（国内能源产业对国际资金、技术依赖程度相对较低、国际力量对中国能源安全威胁程度高）时，国内政府部门在推动能源产业市场化方面非常谨慎，而是更注重维护国家能源安全。

三个案例的相同点，在于国内政府部门、能源国企与国际力量三种因素的共同作用很大程度上就决定了该产业在市场化方面的选择。三个案例的相同之处如表6-1所示。

表6-1　　　　　　　　三个案例的相同之处

	石油	电力	煤炭
1978—1992年	石油国企效益一般；国内石油产业对国际石油工业资金、技术存在较大依赖→利用中海油作为对比实验室	电力国企效益一般；国内电力产业对国际电力工业资金、技术存在较大依赖→以鲁布革水电站等为代表的对比试验	煤炭国企效益较差；国内煤炭产业对国际煤炭工业资金、技术存在较大依赖→以平朔安太堡露天煤矿为代表，进行对比试验
1993—2002年	石油国企效益较差；国内石油产业仍然对国际石油工业的资金、技术存在较大依赖→石油产业大幅市场化	电力国企效益较差；国内电力产业仍然对国际电力工业的资金、技术存在较大依赖→电力产业大幅市场化	煤炭国企效益很差；国内煤炭产业仍然对国际资金、技术有较大需求→煤炭产业大幅市场化
2003—2012年	石油国企效益变好；国内石油产业对国际石油工业资金、技术依赖程度大幅降低；中国更多地将国际石油资本看成对中国石油安全的威胁→石油产业的安全转向	电力（主要是电网）国企的效益变好；国内电力产业对国际电力产业的资金、技术依赖程度大幅度降低；中国更多把国际电力资本看成是对中国电力产业安全的威胁→电力产业的安全转向	煤炭国企效益变好；国内煤炭产业对国际煤炭工业资金、技术依赖程度大幅降低；中国更将国际煤炭资本看成对中国煤炭产业安全的威胁→煤炭产业的安全转向

资料来源：笔者根据相关内容自行整理。

但这三个案例之间也存在差异。首先，产业集中度越高，市场化推进速度越慢，电力产业就是如此；产业集中度越低，市场化推进速度越快，煤炭产业就是如此。其次，国内资源丰富程度对其市场化进程的影响相对复杂。并非国内某种资源越丰富（匮乏），市场化程度就越高（越低）。虽然中国国内煤炭很丰富，市场化程度相比电力和石油来也最高。但电力部门资源也很丰富，而其市场化程度却较低。这三个案例的不同之处如表6-2所示。

表6-2　三个案例的不同之处

	石油	电力	煤炭
产业集中度	高	高	较低
国内资源丰富程度	一般	较高	较高
市场化进程快慢	比煤炭慢	比煤炭慢	最快
到2012年时市场化程度高低	比煤炭低	比煤炭低	最高

资料来源：笔者根据相关内容自行整理。

从本书的分析来看，国内政府部门在能源产业市场化中的偏好，受到国内行为体的偏好和国际行为体偏好的双重影响。总体而言，能源国企更偏好非市场化，而国际力量更偏好市场化。而国内政府部门的偏好，最终取决于到底是国内行为体偏好，还是国际行为体的偏好，更容易被国内政府部门接受。

而无论是国内行为体还是国际行为体，他们塑造国内政府部门在能源产业方面偏好的能力，更多取决于行为体本身可以利用的经济（利益层面）、政治（制度层面）和信息（意识形态层面）资源。

国际行为体如何将自己的偏好转化为国内政府部门在能源产业的偏好？一是利用经济资源，寻求利益合作。如在中国改革开放初期，世界银行利用其手中具有的资金优势，增强了中国政府对电力市场化的偏好。二是利用政治资源，进行制度变革。如美国等国家利用其在世界贸易组织中的地位和影响力，成功地增强了中国政府对石油石化行业市场化的偏好。三是利用信息资源，降低国内改革的争论成本。如在1992—2002年，国内政府部门借助国际上的经济竞争，使国内民众意识到民族工业与外国工业之间的竞争，要比国企改革中的公私之争更紧迫、更重要，从而成功地降低了国内市场化的阻力。

而国有企业在将自己的偏好转化为国内政府部门在能源产业的偏好方面，采用了与国际行为体类似的途径：一是利用经济资源，寻求利益合作。如国企利用自身创造利税的能力，来改变国内政府部门的偏好。二是利用政治资源，进行制度变革。如能源国企利用自身的政治地位，以及政府和国企之间的人员流动，对国内政府部门的偏好施加影响。三是利用意识形态作为合法性资源，影响国内政府部门的偏好。

本书对中国能源产业变迁的研究有如下启示意义：首先，本书为理解国家如何同时在国内和国际寻求自主性提供了新的启示（虽然因为"国家自主性"[1]概念较为抽象，本书并没有凭借这个概念来分析中国能源产业变迁）。本书指出虽然中国能源产业市场化进程主要是国家主导的，但同时受到国际国内因素的制约。因为国家处在国内政治经济结构与国际政治经济结构的交界处，因此国家往往既面临在国内结构中的自主性问题，也面临在国际体系中的自主性问题。在国内结构中，国家与社会团体的关系决定了国家在国内结构中的自主性程度；而在国际体系中，国家与国际力量的关系决定了国家在国际体系中的自主性程度。国家对自主性的追求，既包括追求在国内结构中的自主性，也包括追求在国际体系中的自主性。

---

[1] 对"国家自主性"概念的介绍，参见本书导论部分第三节（第12页）。

一方面，国家为了追求在国内结构中的自主性，有时会利用国际力量，来获得对国内社会集团的自主性。1993—2002年国内政府部门利用国际制度（世界贸易组织和世界银行等）来倒逼能源国企深化改革，就体现了这种特点；另一方面，国家为了追求在国际体系中的自主性，会与国内社会集团形成紧密合作，以获得对国际制度的自主性以及在国际权力分配中的有利位置。2003年后，中国为了抵御能源领域国际竞争的压力，国内政府部门与能源国企的紧密协作，就体现了这种特点。可以看到：中国政府一方面努力融入全球资本主义体系，与世界接轨；另一方面，这种接轨也是有选择性的，而且中国政府成功地做到期望的选择性接轨。这种选择性接轨，一方面使得中国得以融入/嵌入全球资本主义体系；另一方面也让中国自身依然保持了相当的自主性。

其次，本书为理解国际因素如何影响国内政企关系提供了新的启示。以往关注中国能源产业变迁的学术文献，虽有较为关注国际力量对中国能源产业市场化的影响的文献（如史丹于2006年出版的《中国能源产业市场化改革》一书），但近些年相关学术文献却有意无意忽略了国际因素在中国能源产业市场化中的影响。本书希望能展示出国际力量对中国经济改革的影响。在本书选择的三个案例中，人们一般认为石油产业更容易受到国际力量的影响，而煤炭产业则不怎么受国际因素影响。而本书则指出，即便是被认为主要受国内因素影响的煤炭产业，在很大程度上也受到国际因素的影响，其产业发展很大程度上也是国内—国际互动的结果。

1978—1992年，政府对能源国企进行了些改革，但出于社会稳定和意识形态方面的考虑，政府在这个阶段没有把国企全面推向市场，而更多是通过引进外资等手段，制造一个国企与外资平行运作的轨道。1993年后，政府开始大幅度推行能源国企市场化改革，建立现代企业制度。这段时期国内政府部门与国企的关系存在较大张力。这时国际制度起到了降低国内争论成本的作用：国内政府部门对民族工业与外国企业间的竞争的强调，降低了国内改革在意识形态方面的争论成本，推进了改革的步伐。2003年后，中国已经加入世界贸易组织，国内政府部门开始担心能源安全问题：既担心外资全面进入中国能源领域会对中国能源安全造成威胁，也担心国内资源不足而过度依赖不够安全的海外资源。在这种情况下，政府加强了同大型能源国企的协作：通过推动大型能源企业集团的成立、推动能源企业走出去、给予大型能源国企一定的政策倾斜等方式，来增进国家能源安全。

再次，该研究增进了能源的国际政治经济学（IPE），尤其是能源的开放经济政治学（OEP）研究。国际能源署指出"人类未来繁荣与否很大程度上取决于人们能不能有效地处理好两个与能源问题相关的挑战：一是确保能源能可靠、经济地提供；二是形成向低碳、高效、环境友好型能源供应系统的快速转变"。"政治会在相当程度上决定对这些挑战的应对能否成功，然而有关这类议题的政治学科学术研究却相对滞后。"[①] 而本书则在一定程度上增进了对能源议题的政治学——尤其是开放经济政治学研究。现在的研究已经可以利用更好的数据和方法，从开放经济政治学的研究路径，来分析偏好、制度以及国际互动如何影响了能源政策（开放经济政治学建立了从偏好到国内制度再到国际互动的研究路径），本书所作的努力正是其中的一部分。

最后，该研究推进了对产业政策的开放经济政治学研究。在国际政治经济学中，我们可以看到金融、贸易、对外直接投资等议题已经

---

① Liewelyn Hughes, Phillip Lipscy, "The Politics of Energy", *The Annual Review of Political Science*, Vol. 16, 2013, pp. 449–469.

成为重要的学科分支,但对于产业政策这样一种非常重要的内容,却并没有很好地被纳入国际政治经济学的分析框架中。虽然很多国际政治经济学学者在分析不同国家经济发展模式时,很大程度上讲的就是这个国家的产业政策(如吉尔平的经典教材《全球政治经济学》),但国际政治经济学/全球政治经济学还没有明确把产业政策作为其重要的学科研究分支。本书试图为将产业政策作为国际政治经济学/全球政治经济学的一个重要分支而努力。

在开放经济政治学的视角下,一国产业政策不再仅仅是国内政策。一方面其政策制定会受到全球因素的影响;另一方面国内产业政策的影响也会外溢到全球层面(产生全球性的后果),尤其是中美这种经济大国的产业政策。就如全球化会影响到国内货币政策的效度一样,全球化同样也对一国产业政策的效度产生了很大影响。就如全球化会使得一个国家的国内货币政策,会外溢到其他国家和地区一样;一个国家的国内产业政策,同样会外溢到其他国家和地区。

对于产业政策的使用,在先发国家和后发国家之间,其实存在着很强的国际政治属性。剑桥大学教授张夏准曾借用德国历史学派经济学家李斯特所用的"踢开梯子"(kicking off the ladder)一词,指出发达国家在它们自身发展的过程中曾频繁使用各种保护自身幼稚产业的产业政策,但在它们真正发展起来后,却鼓吹自由贸易并要求发展中国家不能使用保护主义的产业政策。而"发达国家并不是通过使用那些它们向发展中国家推荐的政策和制度而得到今天的地位的。它们中的大多数都(曾)频繁地使用了'不好的'贸易和产业政策,如保护幼稚产业政策、出口补贴等"。换言之,"发达国家其实是打着推荐'好'政策和制度的幌子,让发展中国家不能运用那些它们自己在早期为了发展经济而运用过的政策和制度"。①

如果两个国家的工业发展水平比较接近,那么实行自由贸易和对产业发展完全不干预的政策,对两个国家而言总体上是有好处的。但如果两个国家工业发展水平相差比较大,那么实行完全的自由贸易和对产业发展完全不干预的政策,对后发国家的发展很可能是非常不利的。后发国家的工业可能因此永远都赶不上发达国家,甚至会出现工业发展水平差距越拉越大的状况。

产业政策的国际影响,对受影响的国家来说,其分配效应是不同的。如2008年沙特通过减少国内石油产量来提高油价:对不同国家的影响不一样,对美国比对其他发达工业国的影响更大;对不同的产业的影响也不一样,对于能源密集型产业的影响,要比对其他产业影响更大。美国国内因为没有太多有关降低油耗的产业政策,所以以前不太注意开发低油耗的汽车,而2008年国际油价大涨导致美国汽车制造业大崩溃。从这个案例中我们看到:石油输出国的产业调控政策,不仅在不同石油消费国之间造成了分配效应,而且在石油消费国内部不同地区、不同产业之间造成了分配效应。这类政策在不同国家、地区和产业之间的分配效应,应该是国际政治经济学今后研究的重要方向之一。

---

① 张夏准:《富国陷阱:发达国家为何踢开梯子》,肖炼、倪延硕等译,社会科学文献出版社2009年版,第3页。

附录　能源产业相关术语简介

本书涉及一些能源方面专有的技术概念，笔者在此做一些必要解释。

火电、水电和风电：电力从生产到最终变成驱动机器的电能，中间需要经历发电、输电、配售电三道过程。其中发电是第一道程序，而用于发电的既有煤炭等不可再生燃料，也有水力、风力等可再生能源。煤炭发电又被称为火电，是热能转化为电能的过程（中国主要的发电燃料是煤炭，用于发电的煤炭被称为电煤）；水电是利用水流从高到低的势能，将其转化为电能；而风电则是利用风力带动叶片转动产生能量并转化为电能。

电网和弃水、弃风：在电力发出来后，如果在当地使用，可以不需要连接电网；但因为现在电力通常都会被送到比较远的地方消费，因此需要输送电力的网络——电网。电网将电力从发电厂送到消费地后，便由当地的供电局进行电力的分配（即电力的配售阶段）。中国的电力运输和配售主要由国家电网掌握。如果电网没有能力或不愿意接受某些发电厂发出的电力，而发电厂的电力在当地又没法消费掉（如果当地的经济条件导致电力消费较少），就会造成电能废弃：如果是水电被弃，往往被称为弃水；如果是风电被弃，往往被称为弃风。

电煤和炼焦煤：煤炭生产出来后，有的被作为原料来生产焦炭，这部分煤炭被称为炼焦煤；更多是被用来发电，这部分煤炭被称为电煤。电煤的价格因为与电力有关，因此长期处于被行政控制的状态。

原油与成品油：原油指的是开采后未经炼化加工的石油，成品油指的是原油经过炼化后的产品，包括汽油、柴油等。通常人们所讲的石油价格，其实包括原油价格和成品油价格两种。

能源产业市场化：本书所界定的能源产业市场化，包含四个方面，即在生产与中间环节实现开放和非垄断化、在能源市场上实现透明化、自由化和国际化，在所有制方面实现非国有化，同时建立现代监管制度并实现监管的规范化。

参考文献

历史文件、回忆录、讲话稿

《邓小平思想年谱》（1975—1997），中央文献出版社1998年版。

《邓小平文选》第三卷，人民出版社1993年版。

高扬文：《三十年的足迹》，冶金工业出版社1994年版。

高扬文：《我当煤黑子的头儿：五年五个月零五天的工作记录》，山西人民出版社1996年版。

国家发改委：《关于2005年电力体制改革主要任务目标及工作分工的通知》，发改能源〔2005〕777号，2005年5月21日发布。

国家发改委：《关于调整成品油价格的通知》，发改电字〔2004〕141号，2004年8月24日发布。

国家发改委：《关于东北区域电力市场上网电价改革试点有关问题的通知》，发改价格〔2004〕709号，2004年4月27日发布。

国家发改委：《关于印发〈中国南方电网有限责任公司组建方案〉的通知》，发改能源〔2003〕2101号，2003年12月4日发布。

国家发改委：《关于组建东北、华东电网有限公司有关问题的批复》，发改能源〔2003〕1290号，2003年9月24日发布。

国家发改委：《关于组建华北、华中和西北电网有限责任公司有关问题的批复》，发改能源〔2003〕2137号，2003年12月8日发布。

国家发改委：《国务院关于鼓励和引导民间投资健康发展的若干意见》，国发〔2010〕13号。

国家发改委：《煤炭工业发展"十二五"规划》，2012年3月。

国家发改委：《煤炭工业发展"十一五"规划》，2007年1月。

国家发改委：《印发〈关于建立煤电价格联动机制的意见〉的通知》，发改价格〔2004〕第2909号，2004年12月15日发布。

国家计委、财政部：《关于延长鼓励煤炭出口政策执行期限的通知》，计价格〔2001〕53号，2001年1月19日颁布。

国家计委、国家经贸委：《进一步完善原油、成品油流通体制改革意见》，计综合〔1995〕913号，1995年7月5日发布。

国家计委：《关于"竞价上网"试点工作中有关问题的通知》：计价格〔2000〕409号，2000年4月11日发布。

国家计委：《关于对电煤实行国家指导价格的通知》，计价管〔1996〕249号，1996年2月9日发布。

国家计委：《关于完善石油价格接轨办法及调整成品油价格的通知》，计电〔2001〕96号，2001年10月15日发布。

国家计委：《关于延长煤炭出口鼓励政策执行期限的通知》，计价格〔2003〕309号，2003年2月28日颁布。

国家计委：《关于印发〈原油成品油价格改革方案〉的通知》，计电〔1998〕52号，1998年6月3日发布。

国家经贸委等：《关于清理整顿成品油流通企业和规范成品油流通秩序的实施意见》，国经贸贸易〔1999〕637号，1999年7月7日发布。

国家煤矿安全监察局编：《中国煤炭工业年鉴.2004》，煤炭工业出版社 2005 年版。

国务院:《电力供应与使用条例》,国务院令第 196 号,1996 年 4 月 17 日发布。

国务院:《电力监管条例》,国务院令第 432 号,2005 年 2 月 2 日发布。

国务院:《电力体制改革方案》,国发〔2002〕5 号,2002 年 2 月 10 日发布。

国务院:《电网调度管理条例》,国务院令第 115 号,1993 年 2 月 19 日发布。

国务院:《关于促进煤炭工业健康发展的若干意见》,国发〔2005〕18 号,2005 年 6 月 7 日发布。

国务院:《关于关闭非法和布局不合理煤矿有关问题的通知》,国发〔1998〕43 号,1998 年 12 月 5 日发布。

国务院:《关于关闭国有煤矿矿办小井和乡镇煤矿停产整顿的紧急通知》,国办发明电〔2001〕25 号,2001 年 6 月 13 日发布。

国务院:《关于乡镇煤矿实行行业管理的通知》,国发〔1986〕105 号,1986 年 12 月 12 日发布。

国务院:《乡镇煤矿管理条例》,国务院令第 169 号,1994 年 12 月 20 日发布。

国务院办公厅:《国家电力监管委员会职能配置内设机构和人员编制规定》,国办发〔2003〕7 号,2003 年 2 月 24 日发布。

国务院办公厅:《关于电力工业体制改革有关问题的通知》,国办发〔2000〕69 号,2000 年 10 月 19 日发布。

国务院办公厅:《关于完善煤矿安全监察体制的意见》,国办发〔2004〕79 号,2004 年 11 月 4 日发布。

国务院办公厅:《关于组建中国石油天然气集团公司和中国石油化工

集团公司有关石油公司划转问题的通知》，国办发〔1998〕14 号，1998 年 5 月 12 日发布。

国务院转发国家计委、国家经贸委：《关于改革原油、成品油流通体制意见》，国发〔1994〕第 21 号，1994 年 4 月 5 日发布。

国务院转发国家经贸委、工商总局、质检总局、公安部、建设部五部门：《关于进一步整顿和规范成品油市场秩序的意见》，国办发〔2001〕72 号，2001 年 9 月 28 日发布。

黄毅诚：《能源部：1988—1993》，大连出版社 1993 年版。

黄毅诚：《秋语》，中国电力出版社 2012 年版。

黄毅诚：《我的故事》，内部发行资料。

李岚清：《突围：国门初开的岁月》，中央文献出版社 2008 年版。

李鹏：《电力要先行：李鹏电力日记》，中国电力出版社 2005 年版。

李鹏：《李鹏论产业经济》，中国电力出版社 2013 年版。

李鹏：《李鹏论发展中国电力工业：1979—1993》，水利电力出版社 1994 年版。

李鹏：《起步到发展（上下册）》，新华出版社 2004 年版。

李鹏：《众志绘宏图：李鹏三峡日记》，中国三峡出版社 2003 年版。

李毅中：《大力提升成品油市场竞争力》，《中国石油化工集团公司年鉴》，中国石化出版社 2001 年版。

李毅中：《健全公司治理结构是核心》，《中国石油化工集团公司年鉴：2003》，中国石化出版社 2003 年版。

煤炭工业部：《关于煤炭企业构建"三个一"格局实行"三条线"管理的若干意见》，煤办字〔1996〕第 369 号，1996 年 7 月 29 日发布。

煤炭工业部：《关于煤炭行业发展股份合作制企业的若干意见》，煤办字〔1997〕第 245 号，1997 年 5 月 7 日发布。

煤炭工业部：《关于省级煤炭管理机构设置安全监察局的通知》，煤办字〔1994〕第536号，1994年10月20日发布。

煤炭工业部：《国有重点煤矿关停矿井管理暂行规定》，煤生字〔1996〕第125号，1996年4月5日发布。

煤炭工业部：《煤炭工业经济体制改革若干问题暂行规定》，煤办字〔1994〕第45号，1994年2月2日发布。

煤炭工业部：《煤炭物资行业管理办法》，煤办字〔1996〕第503号，1996年10月14日发布。

煤炭工业部：《全民所有制煤炭工业企业转换经营机制实施办法》，煤办字〔1994〕第15号，1994年1月18日发布。

煤炭工业部编：《中国煤炭工业年鉴.1994》，煤炭工业出版社1995年版。

煤炭工业局：《关于加强行业管理的意见》，煤行管字〔1998〕第485号，1998年10月28日发布。

全国人大常委会：《中华人民共和国电力法》，全国人大常委会；中华人民共和国主席令第60号，1995年12月28日发布。

全国人大常委会：《中华人民共和国矿产资源法》，全国人大常委会；1996年8月29日中华人民共和国主席令第74号修订，1986年3月19日发布。

全国人大常委会：《中华人民共和国矿山安全法》，全国人大常委会；中华人民共和国主席令第65号，1992年11月7日发布。

全国人大常委会：《中华人民共和国煤炭法》，全国人大常委会；中华人民共和国主席令第75号，1996年8月29日发布。

山西省人民政府：《煤炭资源整合和有偿使用办法》，山西省人民政府令（第187号），2006年2月28日。

山西省人民政府：《山西省煤炭产业调整和振兴规划》，晋政发

〔2009〕18号。

山西省人民政府办公厅：《关于深化煤炭管理体制改革的意见（公开征求意见稿）》，2015年1月13日发布。

商务部：《成品油市场管理办法》，商务部令2006年第23号，2006年12月4日发布。

商务部：《成品油市场管理暂行办法》，商务部令2004年第23号，2004年12月2日发布。

外经贸部：《关于原油、成品油出口经营管理暂行规定的通知》，外经贸管发〔1993〕第85号，1993年3月25日发布。

王显政：《煤炭工业现代化的探索与实践》，煤炭工业出版社2010年版。

中国财政年鉴编辑委员会编：《中国财政年鉴2005》，中国财政杂志社2005年版。

中国财政年鉴编辑委员会编：《中国财政年鉴2013》，中国财政杂志社2013年版。

中国风能协会：《2012年中国风电装机容量统计》。

中国可再生能源学会风能专业委员会编：《2012年中国风电装机容量统计》，2013年版。

中国矿业年鉴编辑部：《中国矿业年鉴2012》，地震出版社2012年版。

中国煤炭工业年鉴编审委员会：《中国煤炭工业年鉴2004》，煤炭工业出版社2004年版。

中国煤炭工业协会：《中国煤炭工业改革开放30年大事记》，煤炭工业出版社2009年版。

中国能源年鉴编辑委员会编：《中国能源年鉴：2005/2006》，科学出版社2007年版。

中国石油化工集团公司办公厅编：《李人俊与中国石化工业》，中国石化出版社2000年版。

中国水力发电年鉴编辑部编：《中国水力发电年鉴：1992—1994》，中国电力出版社1995年版。

中纪委、监察部、国资委、国家安监总局：《关于清理纠正国家机关工作人员和国有企业负责人投资入股煤矿问题的通知》，中纪发〔2005〕12号，2005年8月30日发布。

朱军：《鲁布革冲击》，载《中国水力发电史》编辑委员会编《中国水力发电史》第二册，中国电力出版社2007年版。

朱镕基：《朱镕基讲话实录》（一二三四卷），人民出版社2011年版。

中文专著

百年石油编写组：《百年石油》，石油工业出版社2009年版。

北京洲通投资技术研究所：《中国新能源战略研究》，上海远东出版社2012年版。

薄燕：《全球气候变化治理中的中美欧三边关系》，上海人民出版社2011年版。

曹建华主编：《能源经济与环境政策的理论基础研究》，上海财经大学出版社2012年版。

查道炯：《中国石油安全的国际政治经济学分析》，当代世界出版社2005年版。

陈劲、王焕祥编著：《演化经济学》，清华大学出版社2008年版。

陈卫洪：《关闭小煤窑的经济学和社会学分析》，冶金工业出版社2010年版。

崔大鹏：《国际气候合作的政治经济学分析》，商务印书馆2003年版。

崔民选：《2010 中国能源发展报告》，社会科学文献出版社 2010 年版。

崔守军：《能源大外交：中国崛起的战略支轴》，石油工业出版社 2012 年版。

杜立民：《电力竞争与我国电力产业市场化改革》，浙江大学出版社 2010 年版。

冯连勇、王建良、王月：《峰值的幽灵：能源枯竭与文明的危机》，社会科学文献出版社 2013 年版。

付庆云：《世界主要国家能源供需现状和政策分析》，地质出版社 2008 年版。

管清友：《后天有多远？通货危机、石油泡沫和气候变化》，浙江大学出版社 2010 年版。

管清友：《石油的逻辑：国际油价波动机制与中国能源安全的新描述》，清华大学出版社 2010 年版。

《国企震撼》编委会编：《国企震撼：中国石油重组与上市实录》，石油工业出版社 2001 年版。

郭信麟、涂宇：《低碳投资：挖掘 10 年内最有潜力的公司》，山西人民出版社 2012 年版。

国家煤矿安全监察局编：《中国煤炭工业发展概要》，煤炭工业出版社 2010 年版。

国务院发展研究中心、壳牌国际有限公司：《中国中长期能源发展战略研究》，中国发展出版社 2013 年版。

韩小威：《经济全球化背景下中国产业政策有效性问题研究》，中国经济出版社 2008 年版。

胡德胜：《美国能源法律与政策》，郑州大学出版社 2010 年版。

黄为一：《可再生能源的开发利用及投融资》，中国石化出版社 2010

年版。

季晓南、石玉东主编：《能源热点透视2012》，中国电力出版社2012年版。

江小涓：《经济转轨时期的产业政策》，上海人民出版社1996年版。

姜玉春、蔡军田主编：《中国石油通史：卷四》，中国石化出版社2003年版。

井志忠：《从垄断到竞争：日美欧电力市场化改革的比较研究》，商务印书馆2009年版。

孔博：《解读中国国际石油政策》，裴文斌等译，石油工业出版社2012年版。

李春林：《国际环境法中的差别待遇研究：国际环境法中的差别待遇研究》，中国法制出版社2013年版。

李虹：《公平、效率与可持续发展：中国能源补贴改革理论与政策实践》，中国经济出版社2011年版。

李少军：《国际关系研究方法》，中国社会科学出版社2008年版。

李晓西主编：《中国传统能源产业市场化进程研究报告》，北京师范大学出版社2013年版。

李增刚：《新政治经济学导论》，上海人民出版社2008年版。

林伯强：《高级能源经济学》，中国财政经济出版社2009年版。

林伯强：《中国能源经济的改革与发展》，科学出版社2013年版。

林伯强：《中国能源问题与能源政策选择》，煤炭工业出版社2007年版。

林伯强：《中国能源政策思危》，科学出版社2012年版。

林卫斌、方敏：《能源管理体制比较与研究》，商务印书馆2013年版。

林毅夫：《论经济学方法》，北京大学出版社2005年版。

刘延平：《多维审视下的组织理论》，清华大学出版社 2007 年版。

刘振亚：《中国电力与能源》，中国电力出版社 2012 年版。

马登科：《国际石油价格动荡之谜》，经济科学出版社 2011 年版。

庞昌伟：《国际石油政治学》，中国石油大学出版社 2008 年版。

秦海岩：《风电中国三十年》，中央文献出版社 2010 年版。

邱风主编：《产业经济学案例》，浙江大学出版社 2005 年版。

任东明：《可再生能源配额制政策研究》，中国经济出版社 2013 年版。

石元春：《决胜生物质》，中国农业大学出版社 2011 年版。

时璟丽：《可再生能源电力价格形成机制研究》，化学工业出版社 2008 年版。

史丹、朱彤主编：《能源经济学理论与政策评述》，经济管理出版社 2013 年版。

史丹主编：《中国能源安全的国际环境》，社会科学文献出版社 2013 年版。

史丹主编：《中国能源工业市场化改革研究报告》，经济管理出版社 2006 年版。

孙之鹏主编，中国煤炭工业协会编著：《WTO 与中国煤炭工业》，煤炭工业出版社 2002 年版。

唐颖侠：《国际气候变化条约的遵守机制研究》，人民出版社 2009 年版。

田野：《国际制度、国内政治与国家自主性》，上海人民出版社 2014 年版。

王波：《美国石油政策研究》，世界知识出版社 2008 年版。

王丹：《中国石油产业发展路径：寡占竞争与规制》，中国社会科学出版社 2007 年版。

王绍光:《分权的底限》,中国计划出版社1997年版。

王涛:《征战死亡之海:塔里木盆地石油会战》,中共党史出版社2013年版。

王涛:《中国油气发展战略》,石油工业出版社2001年版。

王伟等著:《低碳时代中国能源发展政策研究》,中国经济出版社2011年版。

王正明:《中国风电产业的演化与发展》,江苏大学出版社2010年版。

温慧卿:《中国可再生能源补贴制度研究》,中国法制出版社2012年版。

吴敬琏:《中国增长模式抉择》,上海远东出版社2008年版。

吴磊:《能源安全与中美关系》,中国社会科学出版社2009年版。

武建东主编:《深化中国电力体制改革绿皮书》,光明日报出版社2013年版。

夏珑、史胜安:《善治理念下的中国电力管理体制改革研究》,河北大学出版社2012年版。

肖华孝等:《变革中的行政体制改革研究》,中国发展出版社2013年版。

肖炼:《中美能源合作前景及对策》,世界知识出版社2008年版。

谢宇:《社会学研究与定量方法》,社会科学文献出版社2006年版。

新中国煤炭工业编辑委员会:《新中国煤炭工业》,海洋出版社2006年版。

徐小杰:《石油啊,石油》,中国社会科学出版社2011年版。

许勤华:《中国国际能源战略研究》,世界图书出版社广东有限公司2014年版。

严绪朝主编:《中国石油大重组:面对市场的机遇和挑战》,石油工业出版社1998年版。

杨鲁、田源:《中国电力工业改革与发展的战略选择》,中国物价出版社1991年版。

杨小凯:《杨小凯谈经济》,中国社会科学出版社2004年版。

叶泽、张新华:《推进电力市场改革的体制与政策研究》,经济科学出版社2013年版。

于宏源:《环境变化与权势转移》,上海人民出版社2011年版。

于立宏:《能源资源替代战略研究》,中国时代经济出版社2008年版。

余建华:《世界能源政治与中国国际能源合作》,长春出版社2011年版。

余永定、郑秉文主编:《中国"入世"的研究报告:进入WTO的中国产业》,社会科学文献出版社2000年版。

曾晓安:《中国能源财政政策研究》,中国财政经济出版社2006年版。

张海滨:《环境与国际关系》,上海人民出版社2008年版。

张海滨:《气候变化与中国国家安全》,时事出版社2010年版。

张海韵主编:《大聚变:98中国石油石化大重组纪实》,经济日报出版社1998年版。

张海韵主编:《走向改革前沿:99中国石油石化重组与改制参考》,石油工业出版社1999年版。

张华明等:《煤炭资源价格形成机制的政策体系研究》,冶金工业出版社2011年版。

张焕波:《中国、美国和欧盟气候政策分析》,社会科学文献出版社2010年版。

张捷:《资源角逐:世界资源版图争夺战》,山西人民出版社2010

年版。

张军:《当代中国经济研究10篇》,北京大学出版社2009年版。

赵德余:《政策制定的逻辑:经验与解释》,上海人民出版社2010年版。

赵嘉辉:《产业政策的理论分析和效应评价》,中国经济出版社2013年版。

赵文明:《能源战争》,中国铁道出版社2013年版。

赵忆宁:《中国入世大角力:新型超级大国的拐点》,浙江人民出版社2013年版。

赵英:《中国产业政策变动实证趋势研究》,经济管理出版社2012年版。

郑永年:《全球化与中国国家转型》,郁建兴译,浙江大学出版社2009年版。

郑永年:《未竟的变革》,浙江人民出版社2011年版。

郑永年:《中国的"行为联邦制":中央—地方关系的变革与动力》,邱道隆译,东方出版社2013年版。

中国可再生能源发展战略研究项目组:《中国可再生能源发展战略研究丛书:风能卷》,中国电力出版社2008年版。

中国能源研究会:《中国能源政策评论2012》,中国电力出版社2012年版。

周飞舟:《以利为利》,上海三联书店2012年版。

周琪等著:《美国能源安全政策与美国对外战略》,中国社会科学出版社2012年版。

周启鹏:《中国电力产业政府管制研究》,经济科学出版社2012年版。

周雪光:《组织社会学十讲》,社会科学文献出版社2003年版。

周云亨:《中国能源安全中的美国因素》,上海人民出版社 2012年版。

朱建荣主编:《东亚能源合作(寻求共同繁荣之路)》,上海人民出版社 2012 年版。

朱晓艳:《大部制下中国电力管制机构改革研究》,经济管理出版社 2013 年版。

庄贵阳、陈迎:《国际气候制度与中国》,世界知识出版社 2005 年版。

[美] 埃莉诺·奥斯特罗姆:《公共事务的治理之道》,余逊达译,上海三联书店 2000 年版。

[美] 安德鲁·德斯勒、爱德华·A. 帕尔森:《气候变化:科学还是政治?》,中国环境科学出版社 2012 年版。

[美] 安东尼吉·登斯:《气候变化的政治》,曹荣湘译,社会科学文献出版社 2009 年版。

[美] 贝萨尼·麦克莱恩:《房间里最精明的人:安然破产案始末》,中国社会科学出版社 2007 年版。

[美] 彼得·古勒维奇:《艰难时世下的政治:五国应对世界经济危机的政策比较》,袁明旭、朱天飚译,吉林出版集团有限责任公司 2009 年版。

[美] 达莫达尔·古亚拉提:《经济计量学精要》,张涛译,机械工业出版社 2006 年版。

[美] 戴维·赫尔德、安格斯·赫维、玛丽卡·西罗斯主编:《气候变化的治理:科学、经济学、政治学与伦理学》,谢来辉译,社会科学文献出版社 2012 年版。

[美] 丹尼尔·耶金:《石油大博弈:追逐石油、金钱与权力的斗争》,艾平译,中信出版社 2008 年版。

［美］道格拉斯·诺斯：《理解经济变迁过程》，钟正生等译，中国人民大学出版社2008年版。

［美］道格拉斯·诺斯：《制度、制度变迁与经济绩效》，杭行译，格致出版社2008年版。

［美］菲利普·赛比耶－洛佩兹：《石油地缘政治》，潘革平译，社会科学文献出版社2008年版。

［美］菲利普·斯皮德、罗兰德·丹罗伊特：《中国、石油与全球政治》，张素芳、何永秀译，社会科学文献出版社2014年版。

［美］弗兰克·道宾：《打造产业政策：铁路时代的美国、英国与法国》，上海人民出版社2008年版。

［美］弗雷德·克鲁普、米丽亚姆·霍：《决战新能源：一场影响国家兴衰的产业革命》，陈茂云译，东方出版社2010年版。

［美］海伦·米尔纳：《利益、制度与信息：国内政治与国际关系》，曲博译，王正毅校，上海世纪出版集团2010年版。

［美］赫伯特·西蒙：《基于实践的微观经济学》，孙涤译，上海人民出版社2009年版。

［美］霍华德·格尔勒：《能源革命：通向可持续未来的政策》，中国环境科学出版社2006年版。

［美］杰弗里·伍德里奇：《计量经济学导论》，中国人民大学出版社2010年版。

［美］李侃如：《治理中国：从革命到改革》，胡国成、赵梅译，中国社会科学出版社2010年版。

［美］理查德·阿斯普朗德：《清洁能源投资》，杨俊保等译，上海财经大学出版社2009年版。

［美］琳达·维斯、约翰·霍布森：《国家与经济发展：一个比较及历史性的分析》，黄兆辉、廖志强译，黄玲校，吉林出版集团有限

责任公司 2009 年版。

［美］罗伯特·殷:《案例研究:设计与方法》,周海涛主译,重庆大学出版社 2004 年版。

［美］罗纳德·罗戈夫斯基:《商业与联盟:贸易如何影响国内政治联盟》,杨毅译,上海人民出版社 2012 年版。

［美］玛丽·加拉格尔:《全球化与中国劳工政治》,郁建兴、肖扬东译,浙江人民出版社 2010 年版。

［美］迈克尔·波特:《国家竞争优势》,李明轩等译,中信出版社 2012 年版。

［美］迈克尔·豪利特:《公共政策研究》,生活·读书·新知三联书店 2006 年版。

［美］迈克尔·希斯考克斯:《国际贸易与政治冲突:贸易联盟与要素流动程度》,中国人民大学出版社 2005 年版。

［美］曼瑟·奥尔森:《权力与繁荣》,苏长和译,上海人民出版社 2005 年版。

［美］奈杰尔·劳森:《呼唤理性:全球变暖的冷思考》,戴黍、李振亮译,社会科学文献出版社 2011 年版。

［美］荣·切尔诺:《工商巨子:洛克菲勒传》,海南出版社 2000 年版。

［美］萨莉·亨特:《电力竞争》,电力竞争编译组编译,中国经济出版社 2004 年版。

［美］斯蒂芬·范埃弗拉:《政治学研究方法指南》,陈琪译,北京大学出版社 2006 年版。

［美］斯泰格利埃诺:《美国能源政策》,郑世高译,石油工业出版社 2008 年版。

［美］索尼亚·拉巴特、罗德尼·怀特:《碳金融》,王震、王宁译,

石油工业出版社 2010 年版。

［美］塔沙克里：《混合方法论》，唐海华译，重庆大学出版社 2010 年版。

［美］托梅因·卡达希：《美国能源法》，万少廷译，法律出版社 2008 年版。

［美］威廉·恩道尔：《石油大棋局：下一个目标中国》，中国民主法制出版社有限公司 2011 年版。

［美］约翰·克雷斯威尔：《研究设计与写作指导：定性、定量与混合研究的路径》，崔延强主译，重庆大学出版社 2007 年版。

［美］詹姆斯·霍根、理查德·里都摩尔：《利益集团的气候"圣战"》，中国环境科学出版社 2011 年版。

［意］毛杰里：《石油！石油！探寻世界上最富有争议资源的神话、历史和未来》，夏俊、徐文琴译，上海人民出版社 2008 年版。

中文论文

安华维：《回望"二滩"》，《南方能源观察》2012 年第 10 期。

本刊评论员：《加快推进国有煤炭企业改革》，《煤炭经济研究》1997 年第 12 期。

巢新蕊：《成品油定价机制之外》，《能源》2009 年 9 月号，总第 10 期。

巢新蕊：《风电政策激进之辩》，《能源》2009 年 9 月号，总第 10 期。

陈庆禄、裴新政：《中国加入 WTO 对煤炭企业的影响及对策初探》，《煤炭经济管理新论》2002 年第 2 期。

陈拯：《内发的变革：中国与国际人权规范互动的自主性问题》，《外交评论》2012 年第 2 期。

邓立、李子慧：《积极扩大利用外资，加快煤炭行业结构调整》，《中国外资》2005 年第 5 期。

邓伟：《"国进民退"的学术论争及其下一步》，《改革》2010 年第 4 期。

高虎、时璟丽：《促进风电产业健康发展的财税政策分析及建议》，《风能》2010 年第 6 期。

韩晓平：《谨防"寡头竞争"滑向"寡头割据"》，《能源》2010 年第 2 期。

何金祥：《加入 WTO 对我国煤炭工业的影响》，《中国煤炭》2002 年第 10 期。

桁林：《"大国有"战略下国企改革的任务与趋势：对国企三次改革大潮的反思》，《福建论坛》2011 年第 10 期。

江飞涛、李晓萍：《直接干预市场与限制竞争：中国产业政策的取向与根本缺陷》，《中国工业经济》2010 年第 9 期。

李鹏：《中国的能源政策》，《求是》1997 年第 11 期。

李平：《技术扩散中的溢出效应分析》，《南开学报》1999 年第 2 期。

李一文：《世界银行与第三世界国家的发展：兼论世界银行与中国的关系》，《南开大学法政学院学术论丛》2001 年。

李毅：《安东石油：中国的"哈里伯顿"？》，《能源》2010 年第 1 期。

李毅：《亿阳：伤心石油路》，《能源》2010 年第 1 期。

李政：《"国进民退"之争的回顾与澄清：国有经济功能决定国有企业必须有"进"有"退"》，《社会科学辑刊》2010 年第 5 期。

林伯强：《中国电力工业发展：改革进程与配套改革》，《管理世界》2005 年第 8 期。

刘成昆：《"企地"争利背后》，《能源》2011 年第 3 期。

刘纪鹏：《电监会如何由花瓶变钢瓶》，《能源》2010 年第 5 期。

刘劲松：《我国煤炭价格形成机制研究》，《煤炭经济研究》2009 年第

2期。

刘满平：《成品油价格"易涨难落"的原因分析与对策建议》，《宏观经济管理》2011年第10期。

刘社建：《中国产业政策的演进、问题及对策》，《学术月刊》2014年第2期。

刘伟勋：《并网技术标准引发风电路线之争》，《风能》2010年第3期。

刘伟勋：《蒙西样本：风电并网的关键在于观念而非技术》，《风能》2010年第5期。

吕东悦：《计划体制向市场机制的过渡：解读"石油价格管理办法（试行）"》，《能源》2009年6月号，总第7期。

马杰：《中西合璧铸造"平朔模式"》，《经济工作通讯》1994年第7期。

孟红：《邓小平与石油巨头哈默的交往》，《文史精粹》2010年第2期。

弭婷婷：《我国风电定价机制的历程及评价》，《商业经济》2012年第2期。

秦亚青：《国家身份、战略文化和安全利益：关于中国与国际社会关系的三个假设》，《世界经济与政治》2003年第1期。

石建国：《改革开放后党对经济体制改革的理论探索与国企改革的路径选择》，《党的文献》2013年第4期。

宋卫清：《国家间公共政策的转移：概念、研究态势和理论》，《公共管理学报》2008年第4期。

宋雅琴、王有强：《能源大部制改革的历史分析与启示》，《北京行政学院学报》2012年第4期。

苏长和：《国内—国际相互转型的政治经济学：兼论中国国内变迁与

国际体系的关系（1978—2007）》，《世界经济与政治》2007 年第 11 期。

苏长和：《中国与国际体系：寻求包容性的合作关系》，《外交评论》 2011 年第 1 期。

苏琦：《垄断行业"国"进"民"退?》，《中国新闻周刊》2006 年第 11 期。

孙勇、赵春毅：《煤炭工业大幅度减亏的奥秘是什么？煤炭工业部部长王森浩访谈录》，《企业改革与管理》1996 年第 12 期。

陶勇：《整合之途路漫漫》，《能源》2009 年第 10 期。

田春荣：《1998 年中国石油进出口贸易状况分析》，《国际石油经济》 1999 年第 2 期。

田野：《国际制度对国内政治的影响机制：来自理性选择制度主义的解释》，《世界经济与政治》2011 年第 1 期。

田野：《国际制度与国家自主性：一项研究框架》，《国际观察》2008 年第 2 期。

田野：《建构主义视角下的国际制度与国内政治：进展与问题》，《教学与研究》2013 年第 2 期。

田野：《探寻国家自主性的微观基础：理性选择视角下的概念反思与重构》，《欧洲研究》2013 年第 1 期。

王丹、樊玉敬：《新形势下煤炭工业利用外资的可行性》，《煤炭企业管理》2002 年第 7 期。

王鸿雁、霍国庆：《中国风电产业发展的瓶颈问题与解决思路》，载王震主编《低碳经济与能源企业发展》，石油工业出版社 2010 年版。

王强：《国网帝国》，《商务周刊》2010 年第 5 期。

王绍光：《公共政策议程设置的模式》，《中国社会科学》2006 年第

5 期。

王炜瀚：《成品油定价机制须颠覆"原油加成本"模式》，《华夏时报》2012 年 3 月 26 日第 26 版。

王炜瀚：《石油客出海的反体制逻辑》，《能源》2011 年第 7 期。

王晓夏：《沁水瓦斯诱惑》，《能源》2012 年第 12 期。

王赵宾：《吉林弃风调查》，《能源》2013 年第 5 期。

王正毅：《理解国家转型：国家战略目标，制度调整与国际力量》，《世界经济与政治》2005 年第 6 期。

卫留成：《我国海洋石油工业改革与发展的若干问题思考》，《石油企业管理》1995 年第 1 期。

文华维：《回望"二滩"》，《南方能源观察》2012 年第 10 期。

吴邦国：《吴邦国副总理在上海宝钢集团联合重组经验座谈会上的讲话》，《中国经贸导刊》2001 年第 12 期。

吴金勇、吴琴：《外资电力的中国生存规则》，《广西电力》2005 年第 3 期。

吴晓林：《小组政治"研究：内涵、功能与研究展望》，《求实》2009 年第 3 期。

吴雁飞：《中美发展可再生能源的比较分析：以风能为中心的考察》，《美国问题研究》2013 年第 2 期。

吴吟：《〈煤炭产业政策〉解读》，《中国煤炭工业》2008 年第 1 期。

吴迎春：《中国复关首任谈判代表团团长沈觉人谈：中国入世的开篇文章》，《亚非纵横》2003 年第 1 期。

杨光斌：《中国的分权化改革：以中央—地方关系为主线的分析》，载俞可平、李侃如主编《中国的政治发展：中美学者的视角》，社会科学文献出版社 2013 年版。

张超文：《走向市场：中国煤炭工业面临的机遇和挑战——访中国统

配煤矿总公司总经理王森浩》,《瞭望周刊》1993年第9期。

张娥:《中日能源合作40年之竞合》,《中国石油石化》2012年第20期。

张国宝:《电改十年的回顾与思辨》,《中国经济周刊》2013年第1期。

张慧:《解密华龙一号》,《能源》2014年第4期。

张娜:《"关小"之殇》,《能源》2009年第10期。

张娜:《煤层气开发难题求解》,《能源》2009年第12期。

张娜:《煤制天然气"急刹车"》,《能源》2010年第8期。

张娜:《山西筹谋再转型》,《能源》2010年第8期。

张娜:《央企与地方博弈升级》,《能源》2011年第7期。

张曙光:《国进民退的法经济学分析:以山西煤炭业重组为例》,《中山大学法律评论》2010年第1期。

张小明:《诠释中国与现代国际社会关系的一种分析框架》,《世界经济与政治》2013年第7期。

赵白樵:《壁垒的价值》,《能源》2011年第9期。

赵诚、丁东:《世界银行与中国回顾与展望:访世界银行中国业务局局长黄育川》,《国际融资》2000年第2期。

赵紫高、尹一杰:《揭秘"石油福建帮"》,《能源》2010年第1期。

赵紫高:《问诊核准制》,《能源》2011年第10期。

郑敏、初福君:《形式不决定内容:访原中国能源部部长黄毅诚》,《中国石油石化》2015年第1期。

郑永年:《中国与全球资本主义》,《国际政治研究》2007年第1期。

周吉平:《中油集团海外石油开发现状与前景》,"21世纪中国石油发展战略高级研讨会",2000年1月8日。

朱成章:《我国新电力体制改革酝酿过程的回顾》,《中外能源》2013

年第 2 期。

朱德米：《公共政策扩散、政策转移与政策网络：整合性分析框架的构建》，《国外社会科学》2007 年第 5 期。

研究报告

北京大学国家发展研究院能源安全与国家发展研究中心：《中国能源体制改革研究报告》，2014 年 5 月。

北京恒州博智国际信息咨询有限公司：《2009 年—2013 年中国风电设备产业链深度研究报告》，2009 年版。

北京银联信信息咨询中心：《2009 中国风电产业发展研究报告》。

国网能源研究院：《能源与电力分析年度报告系列：世界五百强电力企业比较分析报告 2012》，中国电力出版社 2012 年版。

国网能源研究院编：《2013 国际能源与电力价格分析报告》，中国电力出版社 2013 年版。

李俊峰、高虎等：《2007 中国风电发展报告》，中国环境科学出版社 2007 年版。

李俊峰、施鹏飞、高虎：《中国风电发展报告 2010》，海南出版社 2010 年版。

李俊峰：《风力 12 在中国》，化学工业出版社 2005 年版。

李俊峰等编著：《2011 中国风电发展报告》，中国环境科学出版社 2011 年版。

李俊峰等编著：《2012 中国风电发展报告》，中国环境科学出版社 2012 年版。

李俊峰等编著：《2013 中国风电发展报告》，无出版社信息。

李俊峰等著：《2008 中国风电发展报告》，中国环境科学出版社 2008 年版。

林伯强主编：《2010年中国能源发展报告》，清华大学出版社2010年版。

林伯强：《2012中国能源发展报告》，北京大学出版社2012年版。

王仲颖、任东明、高虎等编著：《中国可再生能源产业发展报告》，化学工业出版社2011年版。

学位论文

梁波：《中国石油产业发展范式变迁的组织社会学分析》，上海大学，博士学位论文，2010年。

王成仁：《博弈与规制：中国风电产业发展中的政府行为研究》，中国社会科学院研究生院，博士学位论文，2011年。

王一旸：《政党对美国能源立法的影，1991—2008年》，中国社会科学院研究生院，硕士学位论文，2010年。

杨利锋：《产业创新系统与我国风电产业发展：理论、方法与政策》，中国科学技术大学，博士学位论文，2013年。

英文著作

Andreas, Wenger, Robert Orttung and Jeronim Perovic, *Energy and the Transformation of International Relations: Toward a New Producer-consumer Framework*, New York: Oxford University Press, 2009.

Andrews-Speed, Philip, Roland Dannreuther, *China, Oil and Global Politics*, London: Routledge, 2011.

Chick, Martin, *Electricity and Energy Policy in Britain, France and the United States Since 1945*, U. K.: Edward Elgar, 2007.

Groombridge, M. A., *The Politics of Industrial Bargaining: the Restructuring of State-owned Enterprises in the People's Republic of China, 1978 to

1995, Doctoral Dissertation, Columbia University, 1998.

Peter Hall, *Governing the Economy: The Politics of State Intervention in Britain and France*, New York: Oxford University Press, 1986.

Katzenstein, Peter J., *Between Power and Plenty: Foreign Economic Policies of Advanced Industrial States*, Madison: University of Wisconsin Press, 1977.

Robert Keohane, Helen Milner eds., *Internationalization and Domestic Politics*, Cambridge: Cambridge University Press, 1996.

King, Gary, Robert Keohane and Sidney Verba, *Designing Social Inquiry: Scientific Inference in Qualitative Research*, Princeton: Princeton University Press, 1994.

Lardy, Nicholas R., *Integrating China into the Global Economy*, Washington, D.C.: Brookings Institution Press, 2002.

Laughlin, Sawin J., *The Role of Government in the Development and Diffusion of Renewable Energy Technologies: Wind Power in the United States, California, Denmark and Germany, 1970 – 2000*, Doctoral Dissertation, Fletcher School of Law and Diplomacy (Tufts University), 2001.

Junfeng Li, Pengfei Shi and Hu Gao, *China Wind Power Outlook 2010*, 2010.

Kenneth Lieberthal, Michel Oksenberg, *Policy Making in China: Leaders, Structures, and Processes*, Princeton: Princeton University Press, 1988.

Moore, Thomas, *China in the World Market: Chinese Industry and International Sources of Reform in the Post-Mao Era*, Cambridge: Cambridge University Press, 2002, Preface.

Pascual, Carlos, Jonathan Elkind eds., *Energy Security: Economics, Politics, Strategies, and Implications*, Washington, D.C.: Brookings

Institution Press, 2010.

Thomas Risse-Kappen ed., *Bringing Transnational Relations Back in: Non-State Actors, Domestic Structure and International Institutions*, Cambridge: Cambridge University Press, 1995.

Huaichuan Rui, *Globalisation, Transition and Development in China: the Case of the Coal Industry*, London: Routledge, 2004.

Shirk, Susan L., *The Political Logic of Economic Reform in China*, Berkeley: University of California Press, 1993.

Strachan, Peter, David Lal and David Toke eds., *Wind Power and Power Politics: International Perspectives*, London: Routledge, 2010.

Thomson, Elspeth, *The Chinese Coal Industry: An Economic History*, London: Routledge Curzon, 2003.

Vasi, Ion Bogdan, *Winds of Change the Environmental Movement and the Global Development of the Wind Enrgy Industry*, New York: Oxford University Press, 2011.

Wright T., *The Political Economy of the Chinese Coal Industry: Black Gold and Blood-stained Coal*, London: Routledge, 2012.

Zhang Jin, *Catch-up and Competitiveness in China: the Case of Large Firms in the Oil Industry*, London: Routledge, 2004.

Zheng Yongnian eds., *Politics in Modern China: Policy – making and Policy Implementation*, London: Routledge, 2010.

Zysman J., *Governments, Markets, and Growth: Financial Systems and the Politics of Industrial Change*, Ithaca: Cornell University Press, 1984.

英文论文

Susan Ariel Aaronson, "Is China Killing the WTO?", *The International E-*

conomy, Vol. 24, No. 1, 2010.

Shaofeng Chen, "State-Managed Marketization: A Revisit of the Role of the Chinese State in the Petroleum Industry", *The Copenhagen Journal of Asian Studies*, Vol. 30, No. 2, 2012.

Shaofeng Chen, "Motivations Behind China's Foreign Oil Quest: A Perspective from the Chinese Government and the Oil Companies", *Journal of Chinese Political Science*, Vol. 13, No. 1, 2008.

Dolowitz, David P., David Marsh, "Learning from Abroad: The Role of Policy Transfer in Contemporary Policy – Making", *Governance*, Vol. 13, 2000.

Liewelyn Hughes, Phillip Lipscy, "The Politics of Energy", *The Annual Review of Political Science*, Vol. 16, 2013.

Lake, David, "Open Economy Politics: A Critical Review", *The Review of International Organizations*, Vol. 4, Issue 3.

Lema, Adrian, Kristian Ruby, "Between Fragmented Authoritarianism and Policy Coordination: Creating a Chinese Market for Wind Energy", *Energy Policy*, Vol. 35, No. 7, 2007.

Lin Kun-Chin, "Disembedding Socialist Firms as a Statist Project: Restructuring the Chinese Oil Industry, 1997 – 2002", *Enterprise and Society*, Vol. 7, No. 1, 2006.

Lin Chen-Chun, Yang Chia – Han and Joseph Shyua, "A Comparison of Innovation Policy in the Smart Grid Industry across the Pacic: China and the USA", *Energy Policy*, Vol. 57, 2013.

Littlefield, Scott R., "Security, Independence, and Sustainability: Imprecise Language and the Manipulation of Energy Policy in the United States", *Energy Policy*, Vol. 52, 2013.

Luo Guo-liang, Zhi Fei and Zhang Xinying, "Inconsistencies Between

China's Wind Power Development and Grid Planning: An Institutional Perspective", *Renewable Energy*, Vol. 48, 2012.

Meidan, Michal, Philip Andrews – Speed and Ma Xin, "Shaping China's Energy Policy: Actors and Processes", *Journal of Contemporary China*, Vol. 18, No. 61, 2009.

Ramana, M. V., Eri Saikawa, "Choosing a Standard Reactor: International Competition and Domestic Politics in Chinese Nuclear Policy", *Energy*, Vol. 36, No. 12, 2011.

Shen Lei, Tian-ming Gao and Xin Cheng, "China's Coal Policy Since 1979: A Brief Overview", *Energy Policy*, Vol. 40, 2012.

Wolsink, Maaten, "Wind Power and the NIMBY-myth: Institutional Capacity and the Limited Significance of Public Support", *Renewable Energy*, Vol. 21, 2000.

Wright, Tim, "State Capacity in Contemporary China: 'Closing the Pits and Reducing Coal Production'", *Journal of Contemporary China*, Vol. 16, No. 51, 2007.

Lixia Yao, Youngho Chang, "Energy Security in China: A Quantitative Analysis and Policy Implications", *Energy Policy*, Vol. 67, 2014.

Lixia Yao, Youngho Chang, "Shaping China's Energy Security: The Impact of Domestic Reforms", *Energy Policy*, Vol. 77, 2015.

Zhang, Sufang, Philip Andrews-Speed and Zhao Xiaoli, "Political and Institutional Analysis of the Successes and Failures of China's Wind Power Policy", *Energy Policy*, Vol. 56, 2013.